破圈营销

布局思维，打赢品牌战

张世涛◎著

中国书籍出版社
China Book Press

图书在版编目 (CIP) 数据

破圈营销：布局思维，打赢品牌战 / 张世涛著 . --
北京：中国书籍出版社，2022.11
ISBN 978-7-5068-9284-1

Ⅰ.①破⋯ Ⅱ.①张⋯ Ⅲ.①品牌营销–研究 Ⅳ.
① F713.3

中国版本图书馆 CIP 数据核字（2022）第 213235 号

破圈营销：布局思维，打赢品牌战

张世涛 著

责任编辑	张 娟 成晓春	
责任印制	孙马飞 马 芝	
封面设计	刘红刚	
出版发行	中国书籍出版社	
地 址	北京市丰台区三路居路 97 号（邮编：100073）	
电 话	（010）52257143（总编室） （010）52257140（发行部）	
电子邮箱	eo@chinabp.com.cn	
经 销	全国新华书店	
印 厂	三河市德贤弘印务有限公司	
开 本	710 毫米 ×1000 毫米 1/16	
字 数	155 千字	
印 张	14	
版 次	2023 年 4 月第 1 版	
印 次	2023 年 4 月第 1 次印刷	
书 号	ISBN 978-7-5068-9284-1	
定 价	56.00 元	

前言

PREFACE

在新消费时代，媒介形态更迭，消费行为转变，流量争夺激烈，营销思维也在不断发生变革。

当前的营销战，是品牌战，更是思维战，谁能在营销中牢牢把握破圈营销的思维，谁就能打破禁锢、把握先机，在市场竞争中占据优势和主导地位。

本书帮你树立品牌意识、转变营销思维，从产品定位到用户分析，从线上到线下，实现破圈营销，收获市场红利。

本书系统梳理消费变革，让你重新认识品牌营销，建立品牌思维力，开启品牌营销第一步。

本书带你步步为营，找准品牌定位，确立目标用户群，精心打磨产品。通过建立视觉锤、打造文字钉、营造仪式感等让品牌与众不同；广开渠道，扩大品牌传播力；多元战略布控，让品牌广泛吸粉引流，提升转化率。通过创新，让老品牌重新"火"出圈。如此有序布局，才能打破圈层，实现成功营销。

本书还将手把手教你构建营销团队，为你提供团队优化的策略与方法，全面提升团队营销实力。

此外，书中特设"品牌智慧"和"营销案例"栏目，为你提供更生动、丰富的品牌营销知识与内容。

破解营销困局，掌握流量密码，以营销新思维为指导，少走弯路，轻松打赢新消费时代的品牌战！阅读本书，相信你一定会有所收获。

作　者

2022 年 9 月

目录

CONTENTS

第1章

树立品牌思维，开启品牌营销第一步

第 2 章

全面布局，精心构建新品牌

第 3 章

破圈突围，让自己变得与众不同

第4章

开创渠道，扩大品牌传播力

第5章

战略布控，打响品牌营销战

第 6 章

破局创新，老品牌闯出新天地

第 7 章

紧抓痛点，写出高质量的营销文案

第 8 章

找到队友，组建优秀的营销团队

第 1 章

树立品牌思维，
开启品牌营销第一步

品牌是企业重要的无形资产和竞争力，一个成功的品牌能成就一个企业，为企业未来发展指引方向、奠定基础。

　　从企业经营管理者到企业员工，在任何时候都应树立品牌意识，建立品牌思维，维护品牌形象，不断丰富品牌内涵，让品牌在市场营销中发挥营销价值，促进品牌在激烈的市场竞争中破局、出圈。

1.1

新消费时代下，建立新的品牌观

随着市场消费的不断升级，大众消费理念也在不断发生变化，这一切都在倒逼企业必须不断改变思维，建立新的品牌观。

1.1.1　新消费时代下的营销逻辑

在以往供不应求的市场经济条件下，市场以卖方为主导，企业和品牌生产什么，消费者购买什么，消费者在市场中处于被动地位，在这样的市场环境下，谁掌握了市场渠道，谁就能抢占市场份额。这一时期，企业和品牌在消费者心中站稳脚跟，依靠的是销售数量和存续时间。

随着市场经济的不断发展，市场主体在悄然发生着变化，以往的卖方市场已经为买方市场让位，供大于求的市场环境下，消费者在市场中占据主动地位，新消费时代已经来临。

新消费时代下，消费者在市场中享有绝对的话语权，企业和品牌的发展必须以消费者的消费需求为指导方向。这一时期，企业和品牌要想在消费者心中站稳脚跟，依靠的是品牌价值。

因此，以人为本、以用户为导向是新消费时代的底层营销逻辑，如果不能坚持这个逻辑，品牌就不会有可持续的生存空间。

1.1.2 建立新的品牌观，守住企业核心资产

品牌资产是企业的核心资产，能为企业产品带来溢价，是助力企业长期增长价值和市场竞争力的重要资产，这是建立新的品牌观的基础认知。

品牌资产的内容

在新消费时代，品牌力就是市场竞争力，只有重新审视品牌，认识到品牌对于企业发展的重要性，才能建立新的品牌观，守住企业核心资产，不断为企业和品牌赋值，让企业和品牌在市场竞争中始终立于不败之地。

具体来说，要建立新的品牌观，应做到以下几点：

第一，了解建立品牌的目的，为商品溢价。

第二，做好品牌规划，减少企业营销成本，规避企业产品同质化，帮助消费者认识品牌。

第三，赋予品牌价值内涵，如品牌个性、品牌口号、品牌核心价值等，让消费者看到该品牌就能自然联系到品牌背后的价值和文化。

第四，不断提高品牌的社会关注度，担负品牌应有的社会责任，提高品牌知名度、美誉度，扩大品牌影响力。

第五，重视品牌的系统化运营，构建完整的"定义品牌—表现品牌—管理品牌—传播品牌"的运营全流程体系。

1.2

打破认知局限，重新认识品牌营销

对于企业经营管理者来说，认知决定眼界，眼界决定市场预判，市场预判决定品牌营销策略的制定和品牌营销活动的开展，因此要想做好品牌营销，必须打破认知局限。

1.2.1　不断升级的营销理论

有市场便有营销的存在，随着市场的不断发展，营销理论不断升级，不断刷新人们对营销的认知。

4P 营销理论是 20 世纪六七十年代出现的营销理论，是较早出现的营销理论，又称 4P 传统营销理论，包括产品（Product）、价格（Price）、渠道（Place）、促销（Promotion）四个基本要素。该理论认为，营销策略（Strategy）的开展离不开上述四个基本要素（4P）。4P传统营销理论肯定了企业的促销行为，企业通过开展促销吸引消费者购买产品，消费者的主观消费需求没有得到体现。

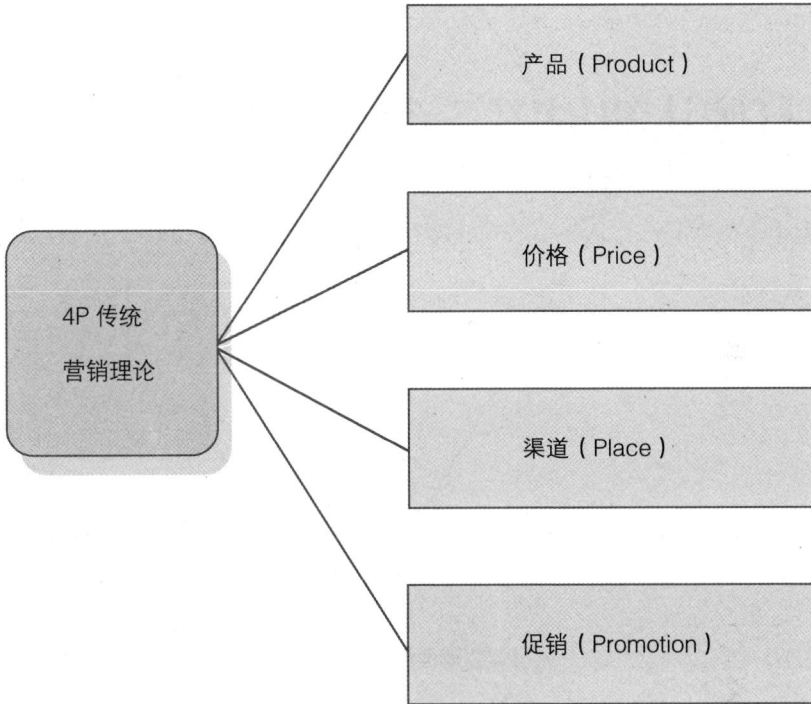

```
┌─────────────────────────────┐
│      产品（Product）         │
└─────────────────────────────┘

┌─────────────────────────────┐
│      价格（Price）           │
└─────────────────────────────┘

┌──────────┐
│ 4P 传统  │
│ 营销理论 │
└──────────┘

┌─────────────────────────────┐
│      渠道（Place）           │
└─────────────────────────────┘

┌─────────────────────────────┐
│    促销（Promotion）         │
└─────────────────────────────┘
```

4P 传统营销理论构成要素

　　4C 营销理论是 4P 传统营销理论在零售消费时代的延伸与发展。4C 营销理论出现于 20 世纪 90 年代左右，是随着消费市场的不断发展，在消费者个性化需求日益突出，媒体日益多元化的市场发展背景下提出的营销理论，主要包括消费者（Customer）、成本（Cost）、便利（Convenience）和沟通（Communication）。在这一理论中，消费者作为现代市场经济中的重要参与者，充分得到了重视。

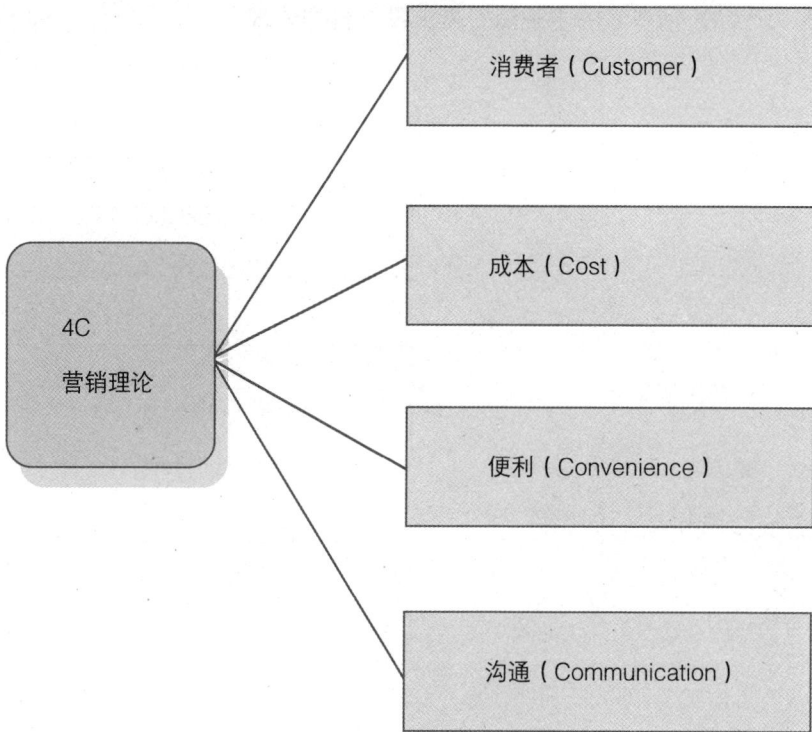

消费者（Customer）

成本（Cost）

便利（Convenience）

沟通（Communication）

4C
营销理论

4C 营销理论构成要素

4R 营销理论是 21 世纪初新提出的营销理论，该营销理论包括关系 (Relationship)、反应 (Reaction)、关联 (Relevancy)、报酬 (Rewards) 四个要素。该理论是基于对消费者的消费需求进行不断细分的营销策略的新探索。在互联网时代，企业与消费者的关系更加密切，消费者的多元化、细分的需求都应该被纳入营销策略的参考和制定中。

关系 (Relationship)

反应 (Reaction)

4R
营销理论

关联 (Relevancy)

报酬 (Rewards)

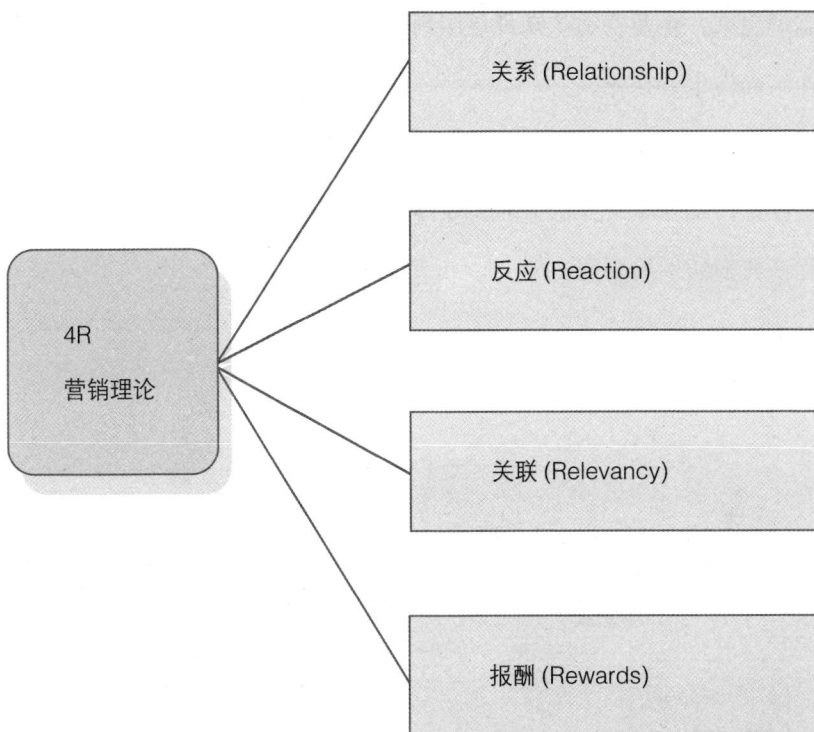

4R 营销理论构成要素

随着现代市场经济、媒体、互联网、消费者需求等的不断发展，营销理论也将随之不断变化、完善，以适应营销实际。

1.2.2　不断变化的营销观念

不断升级的营销理论，使品牌营销在营销中的重要性日益突出和体现出来，企业营销认知日益深刻，营销行为不断调整，营销观念也在不断发生着变化。

从卖家市场到买家市场，从生产制造到产品推销，从个体叫卖、实体宣传到互联网背景下的多媒体联合促销，营销的观念经历了以下几个典型的发展阶段。

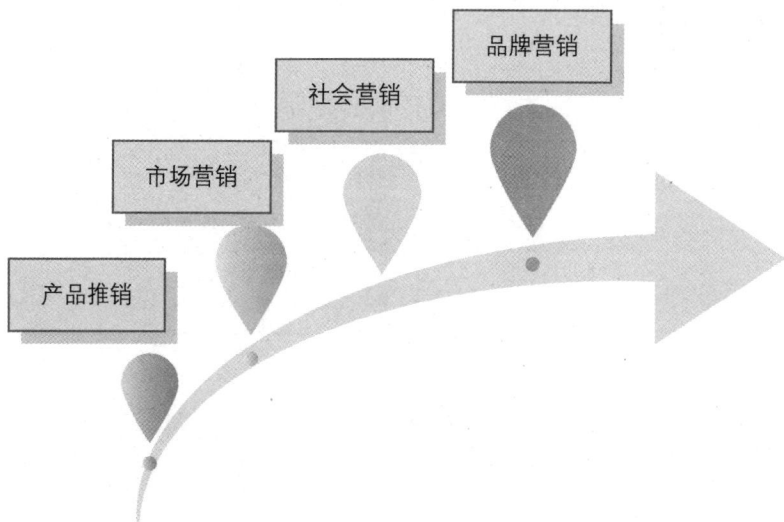

营销观念的变化

具体来说，产品生产出来之后，进入市场成为商品，商品经过供需双方的商品交易后被消费者购买拥有。为了进一步刺激更多的消费者购买产品，从产品推销开始，市场营销方式经历了不断演变，逐渐完善，最终发展到现在的品牌营销。

产品推销：解决消费者消费惰性的问题，让消费者从不会购买某产品到大量购买某产品。

市场营销：关注消费者的消费需求，以消费者的消费需求为导向，生产消费者需要的产品，并通过营销让消费者了解产品的卖点与他们的消费需求是契合的。

社会营销：关注整个消费者群体和整个社会的长远发展利益，通过营销引导消费者接受某消费观念，如环保消费理念、轻奢消费理念、国潮消费理念等，让消费者在某一消费理念引导下主动选购符合该消费理念的产品。

品牌营销：建立品牌意识、树立品牌形象，让消费者认识、认可品牌，接纳品牌及其产品带给他们的物质、精神消费需求。

1.2.3　飞速发展的品牌营销

品牌营销（Brand marketing）是一种高级的营销，它通过符号将商品推送给消费者，让消费者认可商品、购买商品。

具体来说，品牌营销是企业引导消费者完成对企业产品、企业文化、产品理念的认知过程。在这一过程中，企业扮演着引导者的角色，而消费者则是被引导者。

从作为市场主体的企业开始关注品牌营销，到现在已经发展成熟的品牌营销，品牌营销的发展是飞速的。

◆ 先产品，后品牌

在以往的卖家市场中，产品供不应求，企业生产的产品并不愁卖，企业生产什么，消费者就买什么，有时消费者甚至需要凭票、凭券、凭号等才能购买指定的产品。

在新的时期，企业品牌靠产品的大量生产、持续供应来建立和维护。

◆ 品牌应与众不同

当市场上的产品供求平衡或供过于求时，消费者面对诸多同类化、同质化产品有了更多的选择，这种情况下，企业会深挖产品使用价值之外的附加值，如消费理念、所彰显的身份地位、消费者群体特色等，品牌的差异化成为营销的重点。

营销案例

独一无二，才是品牌

品牌的差异化，是品牌成功营销的重要基础。当下各个行业市场竞争激烈，在同类品牌中，彼此的产品定位更加细化，但就市场大环境中的消费者而言，他们并不能清楚地区分各个品牌。在这种情况下，品牌要想脱颖而出，就要做到品牌产品定位、品牌消费者定位与众不同。某珠宝品牌正是基于这一点开展品牌营销的。

钻戒市场的产品同质化严重，普通消费者很难区分不同品牌钻戒的优劣。D品牌的成功之处就在于它的品牌营销，"一生只送一人""一个人一辈子仅能定制一枚"。这样的营销内容一出，就戳中了消费者向往忠贞、持久爱情的痛点。

将大众普遍认可的爱情观与品牌紧密捆绑在一起，赋予品牌"独一无二"的情怀，也肯定了消费者对美好爱情的向往，肯定了每一位消费者的"独一无二"，这正是D品牌在激烈的市场竞争中成为一匹"黑马"的重要原因。

◆ 好品牌要有好形象

当消费者面对不同品牌难以抉择时，为了吸引消费者购买产品，企业应精心塑造品牌形象、宣传品牌理念，使消费者认可品牌，在购买产品的过程中获得愉悦的品牌体验。

◆ 品牌的偶像驱动

无论在哪个领域，偶像的力量都是非常大的，这一点在市场中表现得更加明显。对于企业来说，如果产品的吸引力不够大，那么可以邀请偶像代言（如文体明星、虚拟代言人等），通过代言人的偶像驱动可以为产品吸引大量的粉丝，使消费者完成从偶像粉丝到品牌拥护者的身份迁移。

◆ 价值观成就品牌

现阶段，品牌是生活方式和消费理念的代表，与消费者价值观契合的品牌文化与内涵往往更能吸引消费者。

互联网时代，消费者可以从各个渠道接触不同的品牌信息，每天面临着巨大的信息浪潮。因此，如何让消费者在信息浪潮中关注到自己的品牌，是企业经营管理者需要重点考虑的事情。

在品牌竞争激烈的当下，要持续吸引消费者，品牌就必须由内而外（从品牌文化内涵到品牌外在形象）传递积极向上、独具特色的价值观，通过价值观引导来吸引、扩大目标消费者人群。

价值观是品牌现在和未来的竞争力的核心。

1.3

建立品牌思维力很重要

品牌是企业和产品的重要竞争力，因此任何企业都应该树立品牌意识，建立品牌思维力，通过品牌提升企业和产品竞争力。

1.3.1 品牌思维为品牌营销指引方向

思维决定行动，品牌思维决定品牌营销决策和活动开展，任何品牌营销都是建立在一定的品牌思维基础之上的。

从消费者的角度来说，选择品牌就是选择品牌文化特点，也就是总结品牌特点，给品牌贴标签（精准的特点概括）。一个好的品牌，能带给消费者极大的认同感。品牌标签与消费者自身标签的重合率越高，消费者对品牌的认可度就越高、选择该品牌的概率就越大。

好的品牌的身上有很多标签，如品牌代表了产品质量有保证，代表了深厚的文化底蕴或时下的时尚潮流，代表了既定的消费观，代表了社会角色的自我认同，代表了价值观、生活方式与态度等。消费者寻找品牌标签的过程也是给自己贴标签的过程。消费者通过寻找品牌与自己的共同点来产生对品牌的信任感和好感。

对于企业来说，如果企业经营管理者能充分认识到品牌标签对消费者的心理影响，就能充分利用品牌标签指引开展各种营销活动。

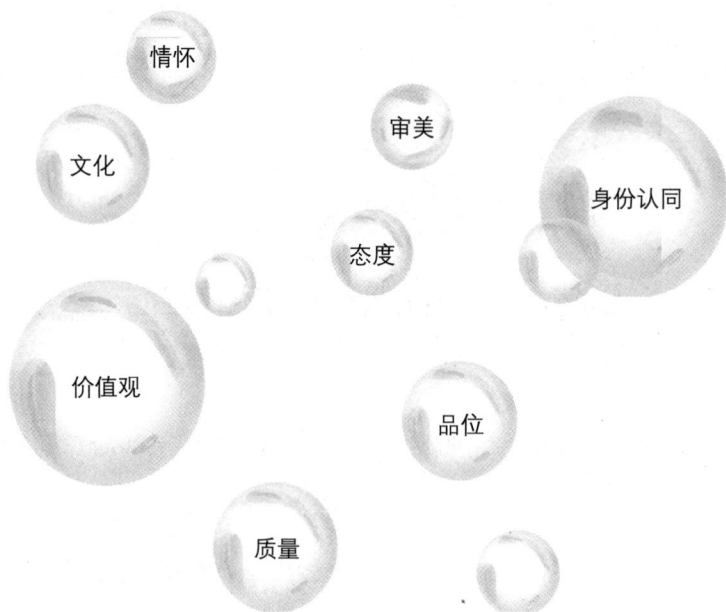

品牌标签

1.3.2 建立品牌思维力

建立品牌思维力，就是要求企业经营管理者充分认识到品牌对企业和产品的重要作用，从主观意识上认同和认可品牌建设。

品牌对企业与产品的长期可持续发展至关重要，那么究竟该如何建立品牌思维力呢？具体来说，应充分认识到以下几点。

◆ 充分认识到品牌是企业宝贵的无形资产

如前所述，消费者通过寻找自己与品牌之间的共同标签来实现对品牌的认知和认同，从这个意义上来讲，品牌发挥着吸引消费者的重要作用。

企业经营管理者应充分认识到品牌对消费者的吸引力，并充分发挥这种吸引力，这样就可以为营销奠定消费者群体基础。而庞大的消费者群体基础正是实现产品销量增加、企业盈利的重要前提条件。

◆ 点线面结合，不断丰富品牌思维

品牌思维有很多种，从不同的角度来看，品牌思维的内容和方式各不相同，以下关于品牌思维的点线面的思考，希望能给读者以小见大、以微见广的品牌思维启发。

精准定点：品牌点思维

精准分析目标消费者人群，明确品牌定位，面向消费者直接输出品牌理念和产品卖点，击中消费者的消费痛点，刺激消费者进行消费。

例如某洗洁精品牌，以"不伤手"为卖点直接输出产品特点和品牌理念，直击消费者最关心的问题，也能让消费者了解到品牌对消费者的呵护。此后各洗洁精类品牌争相效仿，一时间，"不伤手"成为市场上洗洁精产品的共同的新卖点。

互通互联：品牌线思维

建立品牌与消费者之间的沟通渠道，使品牌信息能顺利传递给消费者，同时争取能获得消费者的反馈，让品牌与消费者在不断接触的过程中寻求共同点，从而使品牌在消费者心中占据一席之地。

现阶段，有很多面向年轻人的品牌已经开始逐渐将消费者纳入产品的研发和营销过程中，让消费者参与产品与品牌建设，实现企业与消费者的品牌共创和共赢。

互联网时代的年轻一代有朝气、有个性、关注产品附加值，如国风国潮、游戏电竞、偶像圈等，彼此交叉融合。一些新锐品牌正是抓住了这一点，积极与消费者互动，才成功实现营销破圈。

例如，巧乐兹在雪糕棒上印上二维码，消费者可以在享受清凉和美味的同时扫码领红包；麦当劳和肯德基都开发出了自己的小程序和App，方便消费者线上下单，并设立线上会员奖励计划、积分玩法，积极与消费者互动；宜家设立网上商城以及公众号，鼓励用户分享家

居灵感。这些都有效地拉近了品牌与消费者之间的距离，并成功实现
了品牌与消费者的积极互动。

全方位营销：品牌面思维

将品牌点思维与品牌线思维结合起来，多点、多线综合就构成了
全方位的品牌营销。目前市场上各种品牌的营销大多属于这一种。

1.4

基于品牌思维，可以这样做营销

以品牌思维为导向，品牌营销将更有针对性。有的放矢的品牌营销能实现企业获利（经济、社会、文化等利益）的高效化和最大化。

品牌营销的方式方法多种多样，这里简述基于品牌思维的几种品牌营销思路与策略，具体营销操作将在本书其他章详细解析。

1.4.1　围绕品牌形象开展品牌营销

为品牌树立一个好形象，让消费者注意到品牌，这是开展品牌营销的第一步。

人对不同信息的关注度是不同的，通常来说，人对视觉信息的注意和记忆程度要远远高于听觉信息。

对于品牌来说，与品牌相关的图片、文字、视频、音频等信息都是品牌信息，这些信息共同构成了品牌信息体系。

当品牌信息同时传递给消费者时，消费者会最先注意到品牌的图片信息，通常是品牌 logo、品牌包装。

品牌 logo、品牌包装是重要的品牌信息，因此品牌视觉营销主要以品牌 logo、品牌包装营销为主。其中，前者更为重要。

品牌智慧

品牌传播体系

一个品牌走进大众视野，完成从被消费者认识到被消费者认同，需要经历品牌信息向消费者传播的过程。品牌要向消费者传播什么、如何传播，这就要求品牌重视建立自己的品牌传播体系。

品牌传播体系是基于品牌信息而建立的体系。目前，品牌有两套较为完整的传播体系，即视觉体系和文本体系。

当多个品牌同时出现在消费者周围时，广大消费者最先感受到的一定是品牌的视觉体系，也就是品牌视觉形象带给消费者的刺激，这个刺激要占到品牌信息给消费者总体印象的约80%。也就是说，消费者第一次认识品牌，所能记住的约80%的信息来自品牌的视觉体系。具体来说，品牌的视觉体系包括品牌 logo、色彩、包装设计等。

品牌文本体系主要包括品牌的名称、核心词汇、标签等，起到加深消费者对品牌核心价值观、理念的认识的作用，使消费者能将该品牌与同类品牌区分开来。

在品牌视觉形象之外，应充分结合文字、音频、视频等开展营销，如广告词、动画、微电影等，为品牌建立丰富、生动的立体形象，让消费者能迅速认识品牌、记住品牌。

茶饮品牌蜜雪冰城，就是典型的围绕品牌形象开展营销的品牌典型。蜜雪冰城有自己鲜明的品牌 logo，还有虚拟品牌代言人（雪王、雪妹），更有品牌的专属歌曲、MV，这使得消费者能快速识别该品牌，对品牌产生深刻的印象。

企业经营者不仅可以不断丰富自有品牌，也可以结合其他品牌展开联合营销（品牌联名），从而实现"1+1 > 2"的效果。

近年来比较成功的品牌联合营销有喜茶 × 五菱、王者荣耀 × 稻香村、虾米音乐 × 盒马、滴滴 × 故宫、卡姿兰 × 敦煌博物馆等。

1.4.2　围绕品牌用户开展品牌营销

品牌用户，即消费者。品牌营销要具有用户思维，重视与消费者的对话与交流，掌握来自目标消费人群的真实消费反馈，争取始终能了解消费者最真实、最迫切的消费需求，只有这样才能更精准地开展营销活动。

围绕用户开展品牌营销应重点考虑以下几点：

● 精准锁定目标用户，确定品牌定位。

● 营销内容与形式应与众不同，突出特点，具有吸引力。

● 满足用户的个性化需求，尤其是个性化心理需求。

● 重视丰富品牌文化、价值观，增加用户黏性。

● 引导用户参与到品牌营销中来。

1.4.3　围绕故事和情怀开展品牌营销

在当前买方市场中，任何一个行业中都不缺产品，而且同类产品趋于同质化。因此，品牌要想吸引消费者，不能仅仅依靠产品本身，还要为产品赋予更多的附加值，即品牌文化。

无数品牌营销案例表明，消费者面对同类产品，产品背后的品牌故事和情怀更能打动消费者，从而引导消费者的消费行为。

好名字、好文案、好故事、珍贵情怀，这些都是品牌营销中能打动消费者的营销利器。

1.4.4 围绕网络与媒体开展品牌营销

互联网时代，媒体多元化，在这样的社会和市场大环境下开展品牌营销就要做到广开渠道、战略布控。

◆ 品牌营销渠道要广

品牌营销要重视品牌知名度、美誉度的提升。互联网时代，媒体多元化，品牌营销在全网、各媒体平台的曝光率越高，品牌的知名度就越高，品牌的正面消息越多，品牌的美誉度就越高。这些量变能对品牌营销起到质变的推动作用。

企业经营管理者可以结合自身品牌的特点、企业现有资源、企业擅长领域等，有针对性地选择多种不同的渠道，有计划、有步骤地开展品牌营销。

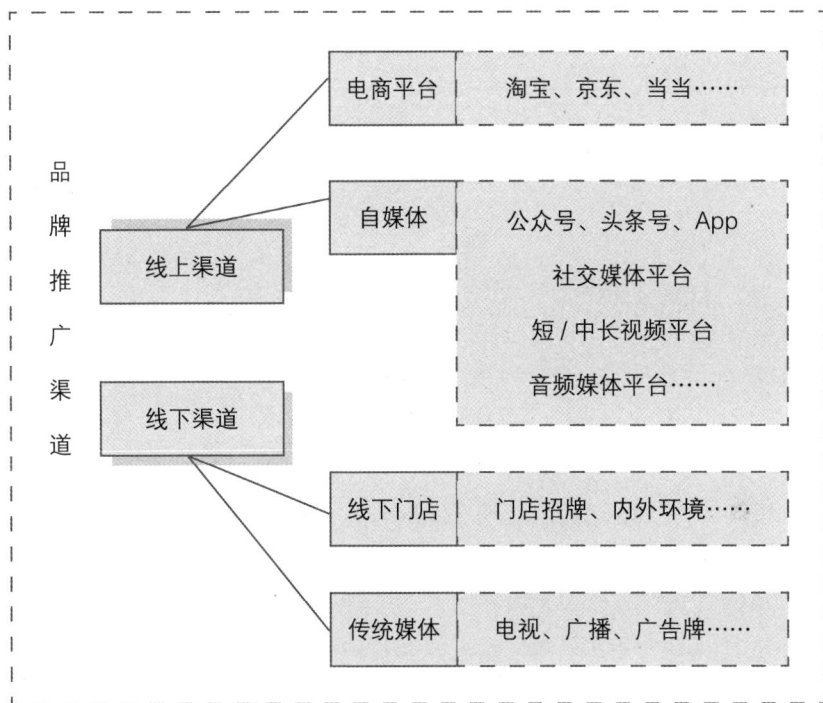

丰富多元的品牌营销渠道

◆ 品牌营销要讲究战略方法

品牌营销是一个战略化的过程，要围绕营销目标制订营销计划、开展营销活动，并考虑活动的时间、主题、形式、负责部门或负责人等。

品牌营销计划要有宏观目标，也要重视细节把控，做到统筹兼顾。

具体的品牌营销战略应紧跟市场环境变化，如消费者当下的消费需求、消费心理，市场热门营销话题、形式、品牌等，既要能敏锐洞察市场和用户，也要善于借东风。

第 2 章

全面布局，
精心构建新品牌

一个新的品牌，想要快速打开市场，被消费者了解和认识，就需要从多个方面着手。

　　品牌的定位、目标用户群的确定、产品的打磨和定价、品牌的故事等需要全面布局、精心构建，这样才能让品牌脱颖而出，成功吸引消费者。

2.1

找准品牌定位是关键

找准品牌定位是构建新品牌的第一步，品牌定位明确能够锁定消费者群体，快速吸引目标用户。

2.1.1　认识品牌定位

找准品牌定位是为了让品牌在用户心中占据一席之地。如果用户需要购买某类产品时，脑海中能自然浮现出某些品牌，那么这些品牌定位就是成功的。从这个角度来讲，品牌定位首先要基于产品的品类，还要基于产品的特点。

产品的品类是指产品所属的类型，例如汽车、日用品、化妆品、家具等都是品类。品类也可以细分，例如家具这一品类还可以细分为餐桌、餐椅、书柜、沙发等。品牌定位首先要做的就是明确产品所属的品类。

产品特点就像是品牌的标签，让消费者能够清楚地区分品牌与竞争产品之间的区别，当一提到这个特点或标签，消费者马上就可以联想到该品牌或与该品牌相关的场景。因此，品牌定位的核心在于凸显品牌和产品的特色，体现产品与竞品不同的价值，简而言之，就是给自己贴一个标签。需要注意的是，这里所说的产品不单单指一般意义上的实物商品，也包括各种服务、网络工具等。

品类　　基础

凸显特色　　核心

品牌定位

2.1.2　品牌定位的四个基本原则

品牌定位就是给某品类的产品贴上独特的标签。为了凸显产品的优势，提高产品的竞争力，在进行品牌定位时要遵循以下四个基本原则。

（1）确定目标客户。在进行品牌定位前，首先要确定目标客户，然后了解目标客户的需求，并以此为依据进行品牌定位，这样才能有的放矢，设计出满足用户需求的产品。

（2）突出差异化。差异化是品牌定位的核心，只有突出差异化才能凸显优势，减少竞争对手，赢得市场份额。

（3）定位简单清晰。在信息大爆炸时代，冗长的信息让消费者感到疲惫和厌烦，简单清晰的定位反而更能让消费者记住。

（4）长久坚持下去。品牌定位确定后要长久坚持下去，如果中途更换可能需要耗费大量资源才能重新积攒人气。

2.1.3 品牌定位的常用策略

品牌定位的目的是让消费者记住品牌，了解品牌的独特性，这就需要企业采用恰当的品牌定位策略来实现。常见的品牌定位策略如下所示。

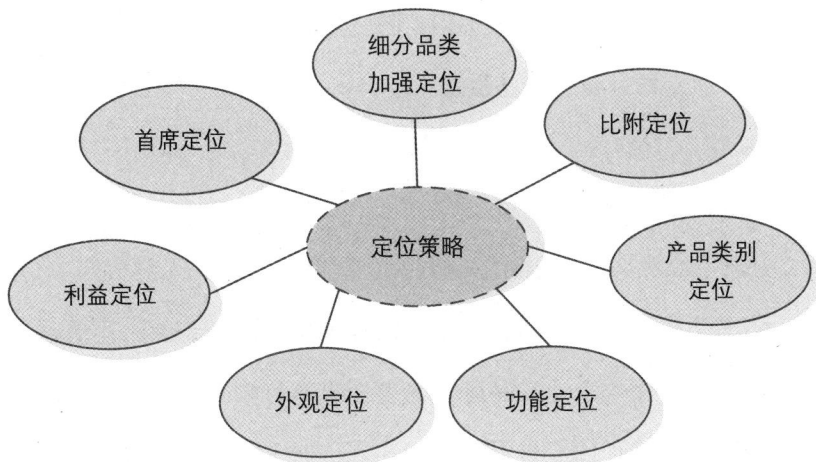

常见的品牌定位策略

◆ 首席定位

产品成为品类中的佼佼者，即头部品牌。当购买某品类商品时，脑海中第一个浮现的品牌就是该品类的头部品牌。头部品牌深得用户信任，在市场上占有绝对优势，占有的市场份额也往往较高，因此众多品牌都在抢占头部品牌的地位。

一些品牌在广告语中以数字来显示影响力，暗示自己是某品类的领导者，让消费者在进行选择时能够第一时间联想到该品牌，例如拼多多的广告语"三亿人都在拼的购物 App"。

◆ 细分品类，加强定位

头部品牌通常只有一两个，那其他品牌该如何寻求突破呢？可以尝试将品类进行细分，占领细分领域的市场份额，在消费者心目中强化自身形象。例如，云南白药牙膏主打健齿护龈，舒适达牙膏则细分品类，在抗过敏牙膏中遥遥领先。

◆ 比附定位

当品类中已有头部品牌，则可以选择比附头部品牌，让消费者记住。例如，蒙牛企业在品牌知名度还没有打响时，打出"做内蒙古第二品牌"这样的广告语，同时在宣传册上将本品牌与伊利品牌联系在一起，让消费者觉得品牌既谦逊，又具有实力，成功获得消费者的关注。

◆ 产品类别定位

产品类别定位是将品牌与特定的产品类别进行关联，当提到某种类别时，用户就会想起这个品牌。例如，考拉海购主打官方自营、全球直采的零售模式，当消费者想要进行海外购物时，就会直接联想到考拉海购。

◆ 功能定位

功能定位是以产品独特的功能、突出的质量或其他特有的性能来进行品牌定位，采用这种策略时，产品与竞争对手相比要有明显的优势。例如，添可洗地机强调无线手持，吸尘、拖地一步到位，其便捷、快速的特点吸引了众多消费者，当消费者疲于打扫房间时，自然能够联想到添可洗地机。

◆ 外观定位

外观定位是通过产品的外在特征给消费者留下深刻的印象。独具特色的外观能让消费者眼前一亮，让消费者想要进一步了解或体验产品，因此具有特异性的外观在很大程度上能够影响消费者的选择。例如，服装行业或汽车行业的不同产品，都具有不同风格的外观，外观特质是品牌定位的体现，吸引着不同的消费者。

◆ 利益定位

利益定位是指品牌在定位时承诺为消费者带来某些利益，突出产品的优势。例如，同等价位下性能更优，同等性能下价格更低，以此来吸引消费者。

2.2

为用户画像，确立目标用户群

根据消费者的个人信息以及在网络上的"行为"（购物、娱乐、浏览网页等），为消费者构建数字标签，这就是用户画像。为用户画像，利用大数据确立目标用户群，同时探查用户需求，能够实现精准营销。

2.2.1 用户画像的内容与作用

◆ 用户画像包含的内容

用户画像就像是给用户贴的标签，用户在互联网留下自己的痕迹，如年龄、性别、兴趣爱好、消费习惯、购物偏好等，大数据技术根据用户的信息进行多维总结，将信息标签化，从而形成相对完整的用户全貌。通常，为用户建立画像需包含以下内容。

用户画像包含的信息

（1）基本信息。基本信息是指用户的年龄、性别、职业、地域等信息，这些信息通常在用户注册时即可获取，属于静态数据，一般不会发生变化。

（2）兴趣偏好。兴趣偏好是指用户的兴趣，以及某些偏好，如一些用户有瑜伽、羽毛球等兴趣爱好，购买产品时喜好暖色调等，这些信息可以为企业提供数据支持。

（3）行为信息。行为信息是指用户在互联网上的操作信息，如用户在晚上八点到九点浏览了食品和服装的销售页面，这就是用户的行为信息。行为信息属于动态信息。大数据技术根据用户的行为信息，通过算法分析，可以推算出用户的需求，从而为品牌定位提供依据。

（4）消费信息。消费信息是指用户的消费情况，如用户在什么时间段花费了多少钱购买了什么类别的产品等，用户的消费信息体现了用户的消费习惯以及消费需求。

（5）商业信息。商业信息是指用户购物所惯用的平台，如淘宝、京东、拼多多、线下等各个平台。

（6）决策信息。决策信息是指用户在购物时影响其决策的因素，如产品的性价比、品质、外观等。

企业在建立用户画像时，可以根据产品类别的不同，灵活收集用户信息，针对性构建用户画像，这样才能充分发挥用户画像的作用，让用户画像为构建品牌服务。

◆ **用户画像的作用**

对于品牌方而言，构建用户画像，具有多重作用，具体体现在以下几个方面。

（1）改进营销方式。根据用户的行为特点，可以采用合适的营销方式。例如，针对喜欢网购的用户，可以采用网络方式进行宣传；针对喜欢线下购物的用户，则可以采用电话、宣传单等方式进行宣传。

（2）数据挖掘。以用户画像为基础进行数据挖掘，向用户推送其可能感兴趣的产品。

（3）服务产品。根据用户画像特征总结产品受众特点，有助于更深入地分析产品优势以及需要改进的地方，从而优化产品，提升产品品质。

（4）精准营销，对用户画像进行分析和总结，可以确立目标用户群，进而针对该群体实现精准营销。

2.2.2 通过用户画像确立目标用户群

通过用户画像有助于确立目标用户群，具体实施时可分为以下四个步骤。

◆ 数据收集

针对访问品牌的用户进行数据收集，包括用户的基本信息和行为信息，如用户的性别、年龄、兴趣、访问品牌的渠道和访问时间段、访问的具体产品等。数据收集可以采用多种方式，如问卷调研、产品后台数据等。

◆ 数据分析

收集到数据之后，就需要对数据进行相应的分析。根据品牌的发展目标和实际需求，确定数据分析的目标。例如，当前品牌方的发展目标是提高销量，则需要对下单用户进行着重分析，以期输出他们的用户画像。针对不同的产品，实际需要分析的用户属性有所不同。例如，一款游戏可能需要分析用户的性格特征，而一款护肤品可能需要分析用户的皮肤特征。

◆ 总结用户群体的特征

数据分析完成之后就可以根据每个用户的用户画像，总结出一类用户的群体特征。例如，购买了某款护肤品的用户，年龄在 25—35 岁，多为女性，皮肤特性为干性，购买渠道多为线上购物平台。

◆ 确立目标用户群

了解了用户群体的特征，品牌就能方便地根据用户群体特征确立目标用户群，进行产品和服务战略调整，实现定向精准营销，从而提高产品收益。

2.3

产品是核心，需要精心打磨

再突出的品牌营销策略也只能让消费者关注产品一时，品牌想要长久发展、持续畅销，核心仍是优秀的产品。只有精心打磨过的产品才能经受住市场的考验，获得用户的信任和认可。

2.3.1 打造品牌明星单品

新品牌想要打破已有的市场格局，在竞争激烈的市场中突出重围，就需要一种全新的策略。在互联网时代下，营销方式已发生了重大改变，用户对信息的获取更加快速便捷，信息量也快速增长。在这种环境下，品牌方想要有所突破，就需要首先找到一个突破口，而品牌的明星单品正好可以作为这个突破口。

品牌的明星单品是指品牌中最受欢迎、销量最高、最被用户认可的单件产品，也是品牌的经典产品和主打产品。例如，雅诗兰黛护肤

品中的"小棕瓶"，戴森的无线吸尘器等。品牌的明星单品常常具有
以下特征。

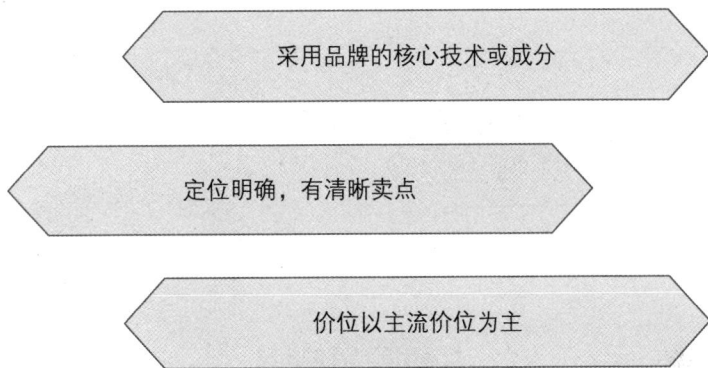

采用品牌的核心技术或成分

定位明确，有清晰卖点

价位以主流价位为主

明星单品的特征

明星单品要使用品牌的核心技术或成分，以呈现品牌实力，从而
吸引用户。在此基础上，品牌想要打造出明星单品，还需要针对明星
单品的特点进行明确的定位，厘清卖点，价位上以主流价位为主，这
样才更容易打动消费者。

2.3.2 打造明星单品的策略

企业通过打造明星产品可以在短时间内快速抢占市场。明星产品
与品牌之间具有强关联性，明星产品的成功也能带动品牌的升值，提
高品牌的影响力，促进品牌的传播和其他产品的销售。

那么，品牌方如何打造明星单品呢？具体操作时，可以使用以下两个策略。

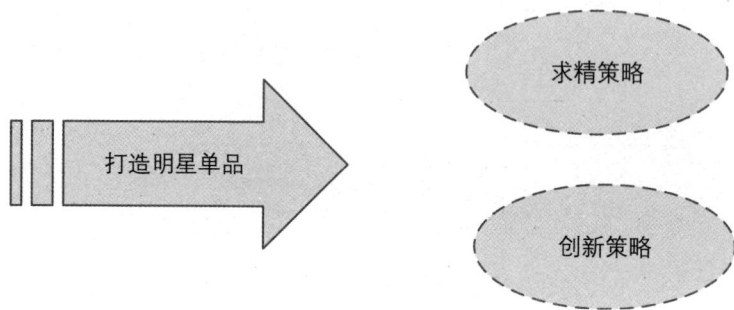

打造明星单品的策略

◆ 求精策略

在打造明星单品时，首先要聚焦一个品类，在这个品类中把产品做精做好，做到极致，求精而不求多。相较于多项平庸的产品，一款明星产品对品牌具有更好的传播效果。因此品牌方在研发产品时，首先专注于明星产品的研制，采用求精策略，将明星产品精心打磨成具有市场竞争力的产品，从而提升品牌形象。

◆ 创新策略

创新是品牌发展的灵魂，盲目跟风只会让品牌步步落后于人。品牌在打造明星单品时，更要注重创新，研发出具有新意的产品或创意，这样才能打动消费者。具体实施创新时，不必拘泥于产品本身，可以从多个方面进行创新，例如创新的文章、创新的广告、创新的策略或创新的品类等。

2.3.3　持续升级并打造系列产品

产品需要打磨，同时需要注重品牌营销，只有双管齐下，才能创造出真正受欢迎的明星产品。

一款明星产品诞生后，品牌方也不可停滞不前，一方面需要将明星产品持续升级，以维持产品在市场上的竞争力；另一方面，还要以明星单品为核心，进行纵向拓展，打造系列产品，提升品牌形象，将品牌做大做强。

> **营销案例**
>
> ### 打磨明星单品，寻求突破
>
> 化妆品市场竞争激烈，众多品牌都有自己的忠实用户，如何从众多品牌中脱颖而出，是每一个品牌都面临的难题。

　　为了打开化妆品市场，L品牌创新性地提出"无惧年龄"的品牌口号，倾力打造可塑造光感肌的护肤单品，该产品添加企业最新研制的具备美白、抗衰老等多重功效的产品成分，并以此为卖点进行大力宣传。因此该产品受到广大注重成分的用户的喜爱，很快成为品牌的明星单品。

　　明星单品畅销的同时，L品牌的影响力得到扩大，也带动了品牌其他产品的销量。L品牌通过精心打磨产品，在竞争激烈的化妆品市场站稳脚跟，赢得一席之地。

2.4

巧妙定价能够扩大发展空间

产品价格是消费者最关注的产品属性之一，定价过高，会将一部分消费者拒之门外，影响销量，定价过低，则可能影响品牌的利润。因此，品牌只有合理定价才能够平衡利润与销量，扩大发展空间，实现收益最大化。

2.4.1 影响定价的因素

影响定价的因素有很多，大体可分为外在因素和内在因素。

◆ 外在因素

影响定价的外在因素主要包括市场供需和竞品价格等。

市场需求对产品的定价有着重要的影响，新构建的品牌在设置产品定价前可以先对市场上的供需情况进行调研，然后再酌情定价。

竞品是指市场上同品类的竞争产品，竞品的价格同样影响着产品的定价，在性能和功效相当的条件下，如果产品的价格高于竞品价格，则可能失去消费者。

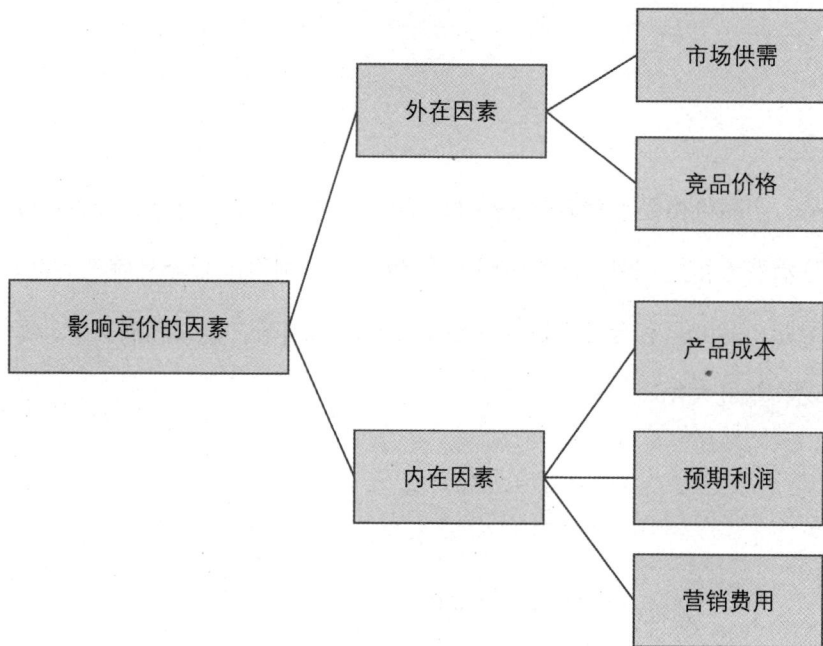

影响定价的因素

内在因素

◆ 内在因素

内在因素主要受品牌方自身影响，包括产品成本、预期利润和营销费用。

产品成本不仅包括制作产品所需的人工、材料、研发等费用，还包括店铺租金、销售人工、快递运输等成本，这些都影响着价格的制定。

利润关乎着品牌的收益，利润的高低决定着定价的高低。所有的品牌都追求高利润，但是利润需在一定合理的范围内，否则会失去消费者的支持。

为了推广产品，品牌方需要进行营销活动，这也会产生费用，而且往往是一笔不菲的费用。这也是品牌方在制定价格时必须考虑的因素。

2.4.2 定价的策略

了解了影响定价的因素，品牌方在进行定价时就要进行综合考虑。互联网的发展衍生出更多定价策略，品牌方在进行定价时可以根据实际情况灵活选用合适的定价策略。

◆ 撇脂定价

撇脂定价是指将品牌的产品价格定得很高，从而使品牌方获得高额利润。品牌方采用这种定价方式往往是因为前期研发成本较高。

高额利润是所有品牌都追求的，但不是所有的产品都适用撇脂定价，如果产品本身不具备竞争性，高额定价只会导致产品无人问津。

一些具有高科技属性的电子产品在推出新品时往往采用撇脂定价策略。使用撇脂定价的产品通常需要满足以下一些条件：

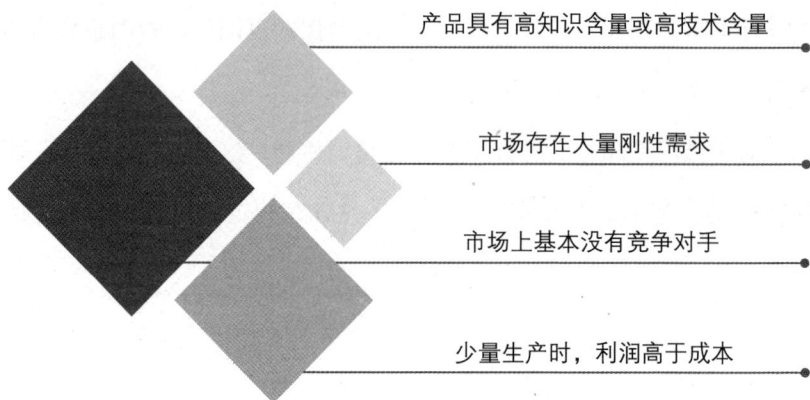

产品具有高知识含量或高技术含量

市场存在大量刚性需求

市场上基本没有竞争对手

少量生产时，利润高于成本

使用撇脂定价的产品需满足的条件

◆ 渗透定价

渗透定价与撇脂定价正好相反，新产品上市时，定价较低，甚至低于成本价格，这样定价的目的是快速占领市场，得到消费者的认可，待销量达到一定规模，成本降下来后，再获取利润。

通常，当产品用户对价格比较敏感时，可以考虑使用渗透定价，产品通过此种定价策略能够长期保持市场地位。

小米手机初上市时采用的便是渗透定价策略。它提供一些低价高质量的手机，满足了用户追求高性价比的心理，迅速获得大量粉丝，占领了相当一部分手机市场份额。

◆ 折扣定价

互联网的兴起带动了人们的线上消费，线上店铺为了抢占用户市场，通常采用折扣定价的方式。较高的折扣可以使线上的产品价格低于线下产品，从而吸引消费者购买。

◆ 低价定价与免费定价

低价定价与免费定价二者目的相同，通过设置低价或免费产品来打造爆款，吸引用户流量，提升品牌的关注度，再通过将爆款产品与盈利产品组合售卖的方式获取利润。

品牌智慧

巧妙打折，打赢价格战

一些品牌为了占领市场不得不使用打折降价的方式获取用户。打折虽然是消费者喜闻乐见的产品促销方式，却降低了品牌的利润。那么，如何巧妙打折，才能在保有利润的情况下打赢价格战呢？

●了解竞争产品价格，自主掌握定价。在营销过程中，品牌方需时刻关注竞争对手的产品，在保证利润的前提下适当调整价格，让产品价格约等于或略低于竞争产品的价格，以保证产品价格的竞争力。

●较高的原价，较低的折扣。消费者对折扣十分敏感，如果两件产品打完折后价格相同，消费者往往更愿意选择原价更高的产品。因此，品牌方可以将产品的定价设置得稍微高一些，通过较低折扣的方式吸引消费者。

●增加附加价值。一味地降低价格，无法保证产品利润，为此，品牌可以通过增加产品附加价值，来提高产品的竞争力。如为购买健身器械的消费者赠送线上课程。

2.5

打动人的永远是故事

一个好的品牌故事极具感染力，在吸引用户的同时能够充分表达情感、打动人心引起用户的共鸣，给人留下深刻的印象。

2.5.1　故事营销

故事自古以来都是深受人们喜爱的沟通方式，通过故事传播的情感、讲解的道理甚至可以超越国家、民族和语言。

故事营销通过讲述一个让消费者感同身受的故事，在故事中融合品牌理念，可以让消费者在不知不觉中被故事感染，获得消费者对品牌的认可。

品牌通过讲故事的方式营造出或浪漫或温馨的场景，带给人美好的感受。如果故事直击消费者内心，消费者会被迅速吸引，成为品牌的粉丝，从而购买品牌的产品。

互联网的发展为故事营销提供了多重便利。多屏互动、碎片化触媒等高科技产品为品牌讲好故事提供了丰富的硬件条件，演变出跨媒体叙事、跨屏互动等多种新颖的呈现形式。

网络上的故事视频可以保持得更加持久，品牌方可以发布多个品牌故事，构成一个故事系列，以此增大品牌的曝光度和用户的忠诚度。

2.5.2　如何发掘品牌故事

通过有趣的故事宣传品牌理念、品牌文化，能够让消费者更好地接受传播内容，从而扩大品牌影响力。那么，如何发掘品牌故事呢？哪些素材可以用于创作品牌故事？

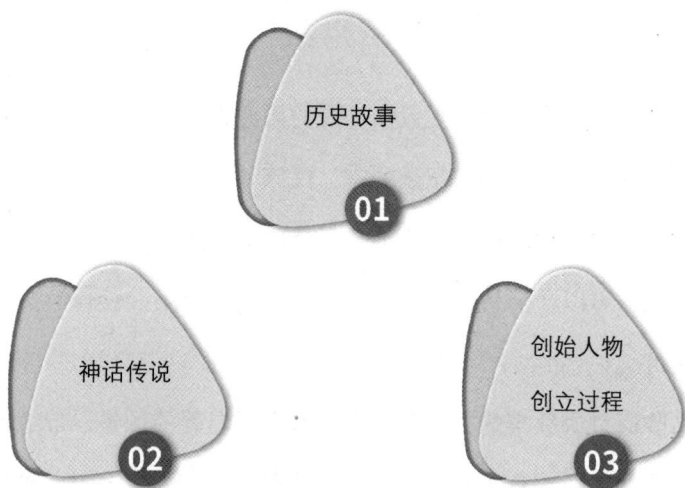

历史故事
01

神话传说
02

创始人物
创立过程
03

品牌故事的素材来源

历史故事往往深入人心且有内涵，如果产品可以与历史故事相结合则能立刻拉近品牌与消费者之间的距离，提高消费者的购买欲。具体操作时，可以将历史人物或经典历史故事情节巧妙地融于品牌故事当中。

神话传说与历史故事一样有着广泛的群众基础，如果品牌与神话传说有关联，也可以在神话传说的基础上进行创编，形成自己的品牌故事。可以将神话故事中的人物融于品牌元素中或将神话传说的故事情节融于品牌故事当中。

品牌的创始人物在创立品牌的过程中，可能经受过各种考验。创始人物和品牌创立过程本身就是一个励志的故事，以此作为品牌故事，既真实又动人，可以迅速获得消费者的好感。褚橙的营销就是一个很好的例子。褚橙凭借褚时健的励志人生故事，感动了无数消费者，因此褚橙一上市，就被抢购一空。

2.5.3　如何讲好一个品牌故事

一个好的品牌故事让消费者真真切切地觉得是在欣赏一个故事，而不是在看一个广告，消费者观看时甚至不希望快进或者跳过任何细节。然而，想要讲好一个品牌故事并不容易。

品牌方确定了故事的大体方向后，就要着手设计故事的细节，一个好的故事常常具有以下一些特征。

| 1 | 品牌故事的内容要体现品牌特色 |

| 品牌故事最好包含消费者的体验 | 2 |

| 3 | 品牌故事的内容要有戏剧性冲突 |

| 品牌故事要与时俱进，不断更新 | 4 |

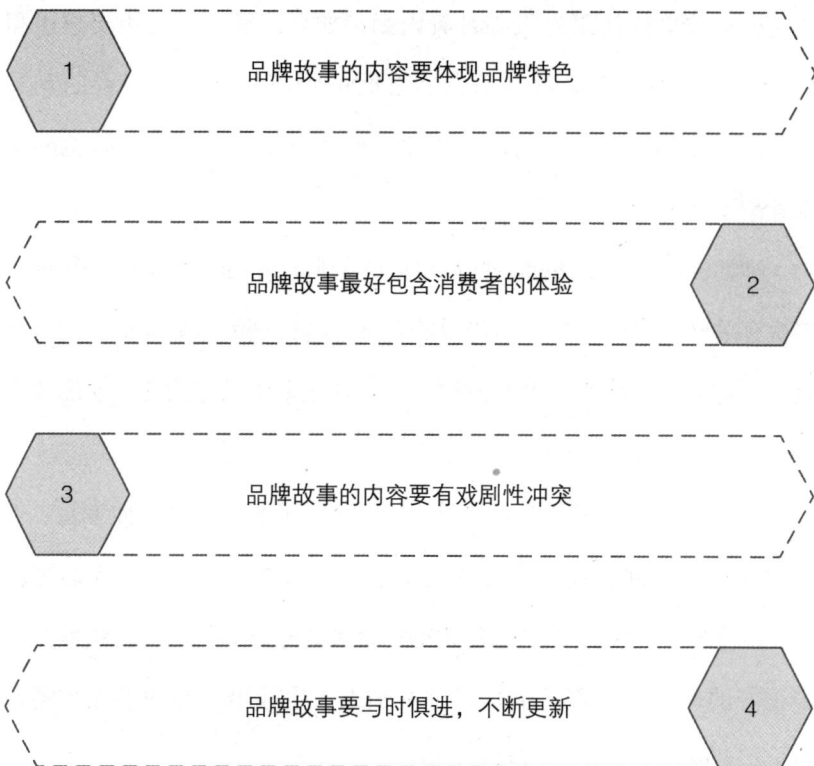

好的品牌故事具备的特征

故事是为品牌服务的，故事的核心要体现品牌特色，故事的内容最好包含消费者的体验。

如今，人们的物质生活已经十分丰富，人们对精神生活有着更高的追求，这就要求品牌不仅要注重产品的实用性，还需要注重品牌在精神层面的功能，要具备自己的特色，要给消费者带来精神上的愉悦和享受。

在叙述品牌故事时，应以品牌特色为核心，并将消费者对于产品真实的体验和感受融入故事中，激发消费者的购买欲。

品牌故事想要有吸引力，就要像电影一样，具备戏剧性冲突，剧情跌宕起伏才能引起消费者的共鸣。

除此之外，品牌故事还要与时俱进，不断更新，这样不仅能避免消费者产生审美疲劳，为消费者带来新鲜感，还能让一个一个的故事形成系列，呈现出"小型连续剧"的效果，从而加深品牌文化的渗透力。

第 3 章

破圈突围，
让自己变得与众不同

在当下流量时代，品牌营销的方法如雨后春笋般层出不穷，而且越来越多样化、创新化。在这种情况下，想要破圈突围，就必须用创新的思维武装头脑，打破固有认知，让品牌变得与众不同，创造独一无二的品牌价值。这样才能让消费者记住品牌，占据竞争优势，推动品牌的发展。

3.1

建立视觉锤，看一眼就忘不掉

视觉锤能够帮助品牌在消费者脑海中建立独特的视觉符号，让消费者认识品牌、记住品牌。建立视觉锤，是品牌营销中极为关键的一步。

3.1.1　什么是视觉锤

"视觉锤"这一概念是美国营销大师劳拉·里斯在其著作《视觉锤》中提出的。

视觉形象是消费者认识品牌的第一印象，一个良好的视觉形象能够帮助品牌树立良好的形象。视觉锤是将品牌的视觉形象独特化，强化人们对这一形象的认知。当人们看到某一视觉形象时，自然会联想到品牌，那么品牌就成功建立了视觉锤。

视觉锤并无特定的指代，品牌的商标、经典产品、创始人、吉祥物等都可以是视觉锤。出色的视觉锤能够在消费者心中留下独一无二的印象，成为品牌的标志。

视觉锤能够让消费者在短时间内记住品牌，帮助品牌提升知名度，抢占认知资源，占据市场优势，促进品牌的发展。

3.1.2 建立视觉锤的方法

视觉锤作为一种独特的视觉概念，是品牌区别于其他品牌的关键，对品牌营销极为重要。

想要建立视觉锤，可以从这些方面入手。

建立视觉锤的方法

◆ 产品

产品中蕴含着品牌的理念，产品本身就是最好的视觉锤。产品是为消费者服务的，产品的设计能够直接影响消费者对品牌的印象，有些产品甚至能够成为品牌的代表。

很多顶尖品牌都是通过经典的产品被消费者记住的。提到六神，很多人都会想到装在绿色瓶子里的花露水。这是六神的经典产品，六神也正是凭借这一产品走进了千家万户，成为极具知名度的品牌。发展至今，六神逐渐研发出了沐浴露、洗发水等不同系列的产品，然而，那款经典的花露水依然是很多人心里不可替代的存在，这就是经典产品的力量。

品牌创建之初制作的产品往往代表了人们对品牌的初印象。做好产品，就是将视觉锤打入消费者心里最有效的方式。

◆ 形状

塑造个性鲜明的外形是将品牌与其他品牌区别开来的有效方式，很多品牌都是依靠形状让人们记住的。如苹果公司的商标——被咬了一口的苹果。商标呈扁平状，颜色也多为黑色或白色，并无夸张的设计。但这一商标既符合"苹果"的设定，又有创新，因为"被咬了一口"而不同于其他的"苹果"；而且"苹果"会使人联想到牛顿的故事，符合苹果公司科技创新的定位。

由此可见，有创意且符合品牌定位的形状能够为品牌营销助力，使消费者成功记住品牌。

◆ 颜色

鲜明的颜色更加引人注目，也更容易被人记住。利用好色彩的搭配能够迅速建立视觉锤。如提到麦当劳，很多人都会想到其金色的"M"形商标。比起复杂的外形设计，简单又经典的配色更能给人留下深刻印象，而且，在人们看到相关配色时，也会想到品牌。

◆ 符号

将品牌的名字符号化能够创造出独一无二的品牌标志，这也是建立视觉锤的有效方法。咖啡品牌 %Arabica 的标志是一个百分号，% 像是挂在树枝上的两颗咖啡豆。%Arabica 将这个 % 符号用在门店作装饰，还将其印在 %Arabica 的咖啡杯上，这样，消费者每买一杯咖啡，都会加深这个符号的印象。每当消费者看到这个符号时，也会想到 %Arabica 咖啡，这就是符号的作用。

%Arabica 这一品牌利用简单的符号创造出了不可复制的品牌符号。可见，如果能够将品牌与符号完美结合，就能够建立独具特色的视觉锤。

◆ 创始人

创始人是品牌独特的代言人，利用好创始人的影响力，不仅能够扩大品牌的知名度，也能够让品牌更有内涵。

运动品牌李宁的创始人是前体操运动员李宁，其商标也由字母 L 和 N 的变形构成。这样，当人们看到品牌时，就会想到创始人李宁。无论是品牌的名字还是品牌的设计，都强调了创始人的重要性。李宁在中国体育界拥有巨大的影响力，其品牌也成功借助了这一影响力，发展成为极受欢迎的运动品牌。

创始人和创始人的故事是独特的品牌文化，如果利用创始人打造视觉锤，就能够借助创始人的力量扩大品牌影响力。

◆ 动物

将动物拟人化是品牌建立视觉锤的有效方法，这样不仅能够让大众记住品牌，还能够为品牌打造专属吉祥物，使其成为品牌的标识。一只围着红色围巾的小企鹅是腾讯 QQ 的商标，这只企鹅自上线后便广受欢迎，甚至成为腾讯的代表。

拟人化的动物更具亲和力，也更容易让人产生好感，在短时间内被更多人所熟知。

◆ 动态

相比于静态的品牌标识，动态的呈现更具表现力，更能吸引消费者的注意力。

德芙巧克力一直以丝滑口感为标签，其品牌设计为了突出"丝滑"，常常在产品包装上加入呈丝巾状的巧克力设计，用动态的表现使消费者感受到巧克力的丝滑。这样的设计能够使消费者接收到品牌想要传达的信息，使"丝滑"这一概念被更多人接受。

3.2

取个好名字，让消费者记住你

名字是人们将一事物区别于其他事物的标志之一。名字对于品牌而言具有重要意义，是人们认识品牌的开始，也是人们记住品牌的关键。

3.2.1 品牌取名的重点

在正式起名之前，要先做好前期调研。要了解相关产品的取名风格、发展趋势等，使所取的名字符合市场发展规律，符合文化发展潮流，是能够被大众所接受、所喜爱的名字。

品牌的名字具有独创性，受法律保护，是品牌的知识产权，品牌对其具有独家使用权。因此，品牌在取名时一定要注意，不能使用其他品牌的名字，避免侵权。

如今，大大小小的品牌越来越多，因此品牌在取名前一定要做好调查，不能侵犯他人权益。

同时，品牌在取名时要注意，品牌的名字应体现品牌的发展理念。品牌的名字背后蕴藏着品牌的价值和故事，是品牌的象征。因此，品牌的名字不能随意取，要有意义、有内涵，符合品牌的定位和发展趋势。在进行品牌取名活动时，最好有多人参与，由企业员工共同决定品牌的名字。

由于品牌名字的特殊性，在取名时一定要慎重，谨慎决定品牌的最终名称。品牌的名字通常是不能改动的，会伴随品牌的一生，见证品牌的发展。一个好的名字，能够与品牌相辅相成，成为品牌发展过程中的助力。

3.2.2　品牌取名的技巧

想要取一个独具特色的品牌名字绝非易事，这是一件需要长期的思考与讨论才能决定的事情。为品牌取名不是完全的天马行空、毫无根据，取名也需要遵循一定的方法和技巧。

◆ 结合品牌特点取名

品牌的名字要与品牌有紧密的联系，让人能够在看到名字时就想到品牌和相关产品。在取名时，名字可以包含品牌的发展领域、主要

结合品牌特点

要朗朗上口

要有创新思维

品牌取名技巧

特点、功能等，这样人们在看到品牌名字时就能够知道品牌的主要发展方向，知道产品的主要作用。

很多品牌在取名时，会直接将品牌的属性写在名字里，简单易懂。如青岛啤酒、瑞幸咖啡等，消费者一看到品牌名字，就能够立刻知道其主要产品是什么。

如果品牌的发展支线过多，无法用某一品类概括，也可以取一些与发展方向相关的词汇。如乳业品牌蒙牛，"蒙"字代表其产地内蒙古，"牛"字则代表牛奶。蒙牛旗下有多款乳制品，"蒙牛"两字可以说是对品牌的高度概括，既与产品相关，又简单精练，是出众的品牌名字。

◆ 品牌取名要朗朗上口

品牌的名字越简单，越方便大众记忆。取一些过于拗口的名字，或是名字中带有生僻字，都不利于品牌的传播。消费者不容易理解名字的含义，甚至可能并不认识这一名字，这样的品牌名字就是失败的。因此，品牌取名需要简单好记、朗朗上口。如拼多多、小米、三只松鼠等都是简单又有趣的名字，这样的名字能够被各个年龄阶段的消费者记住。

在这个信息化的时代，人们每天接收到各种繁杂的信息，接触无数的品牌。消费者没有过多的时间逐一记忆每个品牌，如果想要被记住，就要将品牌名字取得更加生活化一些，既简单有趣又符合品牌定位。

◆ 品牌取名要有创新思维

品牌取名要运用创新思维，要想出独一无二的、个性鲜明的名字。品牌的名字是品牌的代表，品牌的取名水平从一定程度上也能够反映出品牌本身能力的高低。如果取名过于普通，大众对品牌的关注度也会相对减少。如果能够为品牌取一个既有创造力又合情合理的名字，不仅能够获得大众的好感，还能扩大品牌知名度。

品牌在取名时不要局限在固定思维中，被传统束缚，要敢于挑战，勇于创新，创造出独一无二的品牌名字。

3.3

打造文字钉，获得消费者的认同

品牌将想要传达的信息用文字表达出来，形成广告语、宣传语等文案，这些文案传播出去，被人们记住，就如同文字的钉子钉入了脑海，让人印象深刻，自然就形成了品牌的文字钉效应。

文字具有打动人心的力量。通过文字将品牌的理念传达给大众，能够增加观点的说服力。品牌可以将文字钉与视觉锤相结合，达到视觉效果和内容表达的叠加效果，增加品牌的影响力。

想要打造文字钉，可以使用这些方法：准确定位、突出主题和言简意赅。

3.3.1 准确定位

文字钉的内容要与品牌定位相符。通常，品牌的广告或宣传语都不会过长，因此在打造文字钉时要能够抓住重点，围绕品牌的宣传重点进行创造。如王老吉凉茶的广告"怕上火，喝王老吉"，短短几个字，就将王老吉这一品牌的名字和功能都介绍完了。这样简单易懂的广告语更能形成文字钉，被大家记住。

3.3.2 突出主题

文字钉的内容要有一致的主题和统一的核心，这样大家在看到文字钉时才能迅速抓住重点，明白品牌想要传达的信息。如果一个品牌的广告语过于冗杂，只会让大家觉得不知所云，从而很难理解文字钉内容。

OPPO 在推出闪充手机时使用的一句广告语，"充电 5 分钟，通话两小时"，至今还被很多人记着。手机的功能很多，OPPO 根据闪充手机充电快的特点，创造了这一则广告语，并不断传播，打造出了 OPPO 闪充手机的专属文字钉，是一次成功的营销。

3.3.3 言简意赅

过长的广告语不便于宣传，简短的话语更容易被人记住。很多流传至今、让人记忆深刻的广告语往往都是简短押韵、朗朗上口、便于宣传的，如"好空调，格力造""天才第一步，雀氏纸尿裤"等。音韵和谐的语句更容易被人记住，也更容易形成文字钉。因此，品牌想要打造文字钉，就要尽量将广告语设计得简单易懂、朗朗上口。

品牌智慧

懂得将视觉锤与文字钉相结合

在品牌营销中，视觉锤与文字钉都是十分重要的部分。视觉锤从视觉的角度出发，建立视觉符号；文字钉从语言文字的角度出发，建立文字标签。二者相互结合，既能够让消费者记住品牌，又能让消费者理解品牌的内涵。

人类的记忆是有关联性的，在记住画面的同时，也会记住画面背后的意义，这就是视觉锤与文字钉的结合。将其应用在品牌营销上，人们会同时记住品牌的视觉特点和其代表的含义，这样就能够将品牌与其他品牌区分开来，让品牌在消费者心中成为独一无二的存在。

因此，要尽量将视觉锤与文字钉相结合，双管齐下，增强品牌的市场竞争力。

3.4

营造仪式感，满足消费者的心理

营造仪式感是近几年常用的品牌营销方式。人们在生活中追求仪式感，在消费时也会追求仪式感。营造仪式感能够满足消费者的消费需求，使其通过消费获得满足感。

3.4.1 品牌的仪式感

随着经济的发展，人们的生活质量逐渐提高，越来越重视生活的仪式感，情人节的玫瑰、纪念日的照片、假期的旅行等，都是仪式感的体现。仪式感是日常琐碎中的浪漫，是记忆里温柔的月光，是生命中值得纪念的美好瞬间。

近年来，越来越多的品牌开始将人们对仪式感的追求融入营销中，使其成为被普遍使用的营销方式。

品牌的仪式感营销主要体现在品牌故事的诠释、场景的搭建、氛围的烘托等方面。品牌通过多种方式吸引消费者的目光，让消费者参与其中，使其在消费的过程中感受到快乐。

品牌营销中打造仪式感，顺应了消费者对精致生活的要求，照顾到了消费者的情感体验，能够满足消费者的心理预期，使得消费者在消费的同时获得了满足感。这样的营销方式既能够扩大销量，提升品牌的名气，也能够让消费者感受到品牌的价值，拉近品牌与消费者之间的距离，为品牌积攒一批忠实的顾客。

3.4.2 营造仪式感的方式

品牌想要营造仪式感，可以从这几方面入手。

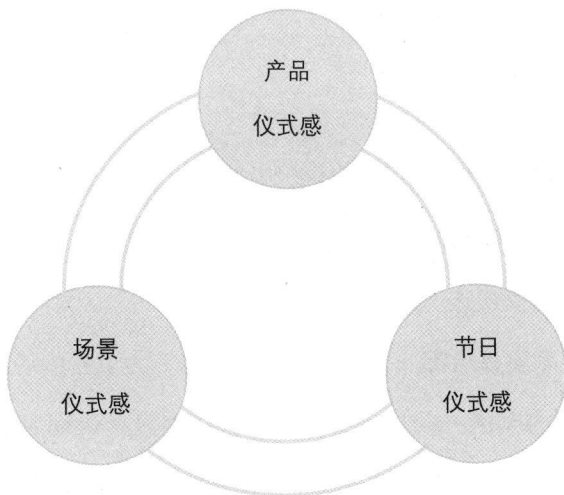

品牌营造仪式感的方式

◆ 产品仪式感

在进行品牌营销时，可以为产品添加一些有仪式感的设定，这样能够加强产品本身的趣味性，也能够增加消费者与产品的互动，从而让消费者喜欢产品。

奥利奥饼干在营销初期创立了一种独特的吃法，"扭一扭、舔一舔、泡一泡"，也正是这种独特的吃法让很多人记住了这一品牌。这种独特的吃法就是品牌专门为奥利奥饼干设计的。在这样的设计下，人们吃奥利奥时不是直接食用，而是有仪式感地将其扭一扭、舔一舔、再泡一泡，这就增加了吃饼干的趣味性，也使得大家对奥利奥这一品牌印象更深刻。

产品设计的仪式感会影响到人们对品牌的印象，有仪式感的产品更能引起大众的好奇心，从而吸引消费者进行购买。

◆ 场景仪式感

场景的仪式感多用在线下体验店或实体店中。品牌通过实体店铺营造与品牌理念相符的氛围，当消费者走进店铺时，就能够感受到品牌精心打造的仪式感。

如今很多实体店都非常重视店铺的装修，为了营造特定的氛围而装修成不同的风格，咖啡店温馨，珠宝店浪漫，火锅店充满了烟火气。不同的装修风格能够营造出不同的氛围感，给消费者带来不同的感官体验，这是打造场景仪式感最普遍的方式。

品牌也可以让消费者参与到产品的制作过程中，让消费者亲身体验，增强其参与度。亲手制作的物品往往能够给人带来满足感、幸福感，对于想要在生活中寻找仪式感的人来说，是很好的体验机会。比如，一些非物质文化遗产的传承品牌会专门设置体验店，让消费者参与到非遗工艺的制作过程中来，体会手工制作的不易，同时也可以激发消费者的学习兴趣，让消费者一边体验，一边学习相关知识，丰富精神生活。

◆ 节日仪式感

节日仪式感的营造是较为常见的营销方法，在我国传统节日，很多品牌就会推出一系列的活动，增加消费者的节日体验。很多花店会在不同的节日推出不同品种的花卉，以不同的花语来营造节日氛围。如春节的报春花、富贵竹，寓意是花开富贵，喜迎新春；母亲节的康乃馨，寓意是真挚的母爱；七夕节的百合、玫瑰，寓意是长相厮守的爱情。

品牌可以根据不同节日的需求推出不同种类的产品，以满足消费者的购买需求，还可以营造特定的节日仪式感。

让仪式感常态化

仪式感的营造更侧重于消费者的情感体验，品牌进行营销时，要特别注意这一点。

在众多品牌中，某餐饮品牌是将仪式感营销应用得炉火纯青的典型代表。作为餐饮品牌，H品牌优质的服务一直是其备受欢迎的主要原因。一进门就有热情的接待人员，为顾客提供全方位的服务，可谓"有求必应"。在用餐前会为顾客提供一些小零食，为排队等餐的顾客提供棋盘游戏，时不时推出一些小玩具供顾客娱乐。这样的服务方式让顾客在用餐的同时获得了精神上的快乐，在愉悦的情绪状态中完成了消费。因此，H品牌的回头客越来越多。

H品牌做到了将仪式感常态化，每一天都用热情的服务态度对待每一位顾客，甚至还会安排特色表演，让前来消费的顾客充分感受到了用餐的仪式感。顾客的消费预期得到了满足，对品牌的好感度自然也会随之增加。

因此，除了特定时期的仪式感营造外，品牌也要注意日常的服务，将仪式感营销常态化，这样才能留住顾客，实现有效营销。

3.5

持续不断重复，发挥潜意识的力量

潜意识是一个心理学概念，是一种已经发生，但人们尚未察觉到的心理活动过程。重复经历能够强化某一事件在人们脑海中的印象，从而使其留存于潜意识中，变得熟悉。

潜意识是品牌营销的隐形推手。通过一些持续的重复，如不断重复的广告、主推产品长时间的密集宣传、随着产品一起赠送的小礼品等，可以让品牌留存于消费者的潜意识中，让消费者在不知不觉间记住品牌。

那么，品牌如何才能做到恰到好处地进行重复式营销呢？

广告是产品营销的主要方式，很多消费者认识品牌都是从观看广告开始的。广告是可以长时间传播的营销方式，一条广告可以反复播放一年，甚至几年。那么，消费者则会在不同时段、不同地点看到同一则广告，时间长了，就能够记住广告内容，进而记住品牌。

很多经典的广告词都是通过持续的广告宣传被人们记住并广泛传播的。优质的广告词甚至能够能为一代人的回忆，影响深远。品牌也会随着广告的传播而被人们认识、熟悉。

但需要注意的是，品牌在进行重复性较高的营销时，需要把握好宣传的尺度。长时间的重复营销会让消费者产生厌烦情绪，认为品牌营销过度，华而不实。而且如果营销过于密集，也可能会让消费者抵触品牌。因此，即便是重复营销也要有度。

品牌的活动也是重复营销的重要方式之一。品牌可以在某一个时间段进行广泛的、密集的活动，并将这一活动坚持下去。久而久之，每到同一时间，人们就会想到品牌的这一活动，并参与其中。比如，肯德基的"疯狂星期四"活动。肯德基会在每周的星期四推出优惠活动，渐渐地，参与活动的人越来越多，"疯狂星期四"的影响力也越来越大，甚至有些人养成了每逢星期四就参与活动的习惯，不断购买肯德基的产品。

持续的、重复的活动能够满足消费者的购买欲和好奇心，因而参与活动的人会不断增多。有些人甚至能够养成参与活动的习惯，变成品牌的老顾客。

很多品牌会在发展的过程中推出品牌周边，如印着品牌商标的钥匙链、杯子、帆布包，甚至是写着寄语的卡片等。当消费者购买产品时，品牌可以赠送一些小礼品或卡片，而且持续进行。消费者在日常使用这些周边的过程中，对品牌的亲切感也会随之增加，重复购买产品的概率就会增加。这就是利用潜意识进行营销的好处，无须刻意强调就能够让消费者自然记住品牌，购买产品。

第 4 章

开创渠道，
扩大品牌传播力

想要提升品牌影响力、扩大品牌传播力，就要不断开辟渠道，构建起越来越庞大的传播网格。

　　企业可以借助广告、微电影来扩大知名度，可以通过促销激励的方式实现裂变式传播，更可以通过搭建自媒体和建立品牌信任感的方式去开拓新的传播阵地和实现公关传播。这些渠道各有各的优势，企业可根据自身品牌特性去做具体的选择，实现传播升级。

4.1

借助广告、微电影，扩大知名度

企业想要顺利进行品牌战略规划，促进品牌的知名度，就一定要懂得发挥广告、微电影传播的力量。

一支优秀的广告或微电影能帮助树立良好的品牌形象，有效强化消费者对品牌的记忆度和好感度，从而积聚流量，刺激购买行为。

4.1.1　广告传播，实现品牌突围

◆ 广告传播的积极作用

广告从本质上而言是一种大众传播活动，其接收对象为现实生活中的广大消费者。广告传播的主要内容是与企业品牌、商品等息息相关的经济信息，一般是有目的、有计划、长期性的。

一支优秀的广告所能起到的营销效果往往出人意料，它能帮助企

业收获更大的影响力，顺利提升品牌知名度，从而帮助企业和品牌方扩大市场份额。具体而言，广告传播的积极作用表现在这几方面：为消费者提供相关信息；增加需求、刺激消费者的购买欲望；打开市场、促进市场竞争；等等。

提供相关信息

增加需求、刺激消费

打开市场、促进竞争

广告传播的积极作用

（1）提供相关信息。广告能有效连接品牌方和消费者，通过广告，消费者能第一时间获知品牌、商品的相关信息，比如品牌名称、品牌标语、创始人、品牌故事、商品功能、价格、购买地点、保养方法等。

（2）增加需求、刺激消费。高质量的广告往往能收获非同凡响的传播效果，有的广告甚至带动起一股新的流行浪潮，潜移默化地影响消费者的习惯，大大增加其消费需求，刺激其购买欲望。

（3）打开市场、促进竞争。对于新兴品牌而言，在还没有与顾客建立信任感的情况下，广告是打开市场、促进竞争的最有力的武器。

一支新颖的、极具创意的广告能有效输出品牌魅力，并在短时间内吸引消费者的注意力，从而帮助打响品牌知名度。

◆ 如何借助广告扩大品牌知名度

品牌方如何借助广告去挖掘潜在用户，塑造良好的品牌形象，顺利打开市场呢？具体可参考以下方法。

第一，选择合适的广告形式。

按照广告的传播媒介，广告营销大致可分为这几种形式：广播电视广告、报刊广告，以及包括交通类广告、大型广告看板等在内的户外广告。这些都属于传统广告形式，有着很大的影响力。

现阶段，随着互联网技术的高速发展，互联网营销变得越来越普遍，互联网新媒体广告顺势崛起，成为很多企业、品牌方的主要营销方式。对比而言，传统广告和互联网新媒体广告有着不同的营销特色，各有其优劣势。

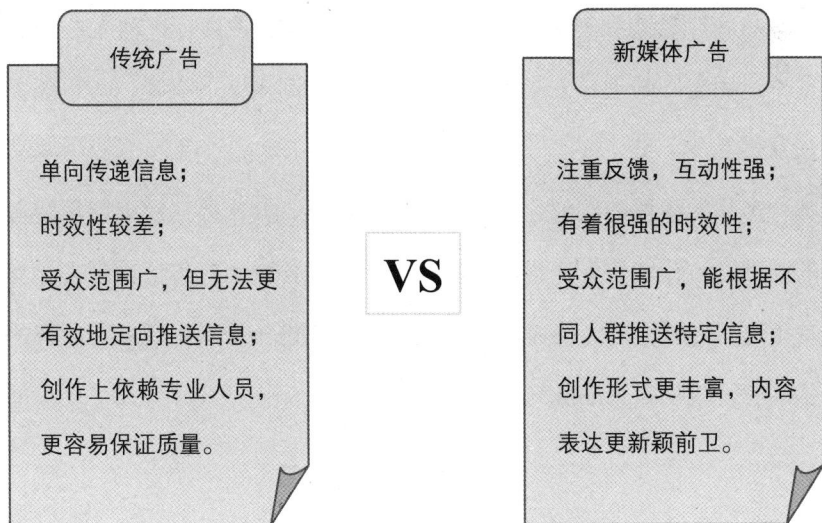

传统广告	VS	新媒体广告
单向传递信息； 时效性较差； 受众范围广，但无法更有效地定向推送信息； 创作上依赖专业人员，更容易保证质量。		注重反馈，互动性强； 有着很强的时效性； 受众范围广，能根据不同人群推送特定信息； 创作形式更丰富，内容表达更新颖前卫。

传统广告和互联网新媒体广告的对比

品牌方可根据自身品牌、商品的特性选择合适的广告形式，必要的时候，可以将线上广告与线下广告结合起来去进行品牌宣传。

第二，选择合适的新媒体广告营销阵地。

互联网新媒体广告营销阵地包括：QQ、微信、微博等社交平台；抖音、快手、秒拍、美拍等短视频平台；淘宝、京东、小红书等电商平台。不同平台有着不同的营销特色，比如社交平台用户互动性强、黏性高，可以为企业、品牌方提供更细化的受众群体，扩大广告影响力；短视频平台有着极快的传播速度，只要广告内容足够精彩，就能得到巨大的曝光率；电商平台通过建构不同类型的广告场景，能够丰富消费者的消费体验，潜移默化地输送品牌理念，放大品牌魅力。

品牌方可根据自身品牌特色选择合适的新媒体广告营销阵地，当然也可以多管齐下，同时在多个平台投放品牌广告信息。

第三，营造走心内容。

品牌广告想要达到一定的传播力，就一定要具有打动人心的力量，运用走心的创意去影响观众的情绪，挑起观众的兴趣，乃至颠覆观众的认知。走心的广告创意、内容，首先要能够唤起消费者对品牌、产品的浓厚的兴趣和探索、试用的欲望，其次要注重唤起消费者的同理心，让消费者产生浓浓的代入感，轻松融入广告情境中去。具备了这几点要素后，品牌广告才能够激发并进一步巩固观众对品牌的认同感，成功扩大品牌知名度。

品牌智慧

运用广告传播的注意事项

广告传播是企业、品牌方打赢营销战的重要手段,然而,品牌借助广告传播的过程中,必须要注意有关事项才能实现预期目的。

第一,品牌广告要注重诚信。不能为了吸引消费者而过分夸大产品效用。一旦违背了广告真实性原则,就一定会给品牌形象抹黑。

第二,品牌广告要注重个性化。想要达到更为理想的宣传效果,品牌广告就一定要从数量繁多的广告词、广告创意中突出重围,根据品牌个性化定位去打造个性化广告,给消费者留下深刻印象。

第三,广告策略要持续、成体系。广告策略在制定之初一定要奔着长期性的目标而去,定下基调后,后期的广告营销都要围绕着这一基调进行扩充或延伸,以营造源源不断的影响力。也就是说,品牌广告要随着新品的上市等不断地更新,持续吸引消费者的关注。

4.1.2 微电影传播，让品牌理念深入人心

广告有着诸多表现形式与创作手法，而影视则是其最常见、最重要的表现形式之一。影视广告以丰富的影音效果调动了观众的视觉和听觉感受，使得广告本身所具有的传播效率进一步增强。

在当今媒介形态百花齐放的现实背景下，微电影广告已成为影视广告的新样态之一。运用微电影营销手段，能让品牌理念更深入人心。

◆ 微电影广告的营销优势

微电影又称微影，指的是具有较为完整的故事情节、时间较短的视频短片，可在各新媒体平台上播放，收看人群广泛。

微电影广告是十分常见的一种营销形式，有着突出的营销优势。

观赏性强，对用户有着独特的吸引力

传播性强，能有效缩短品牌与用户之间的距离

微电影广告的营销特色

微电影观赏性强，对用户有着独特的吸引力。高质量的微电影广告通常有着令人舒适的画面、动人的背景音乐和丰富的创意元素，具有极强的观赏性。另外，微电影广告一般都有着明确的故事情节，虽然其刻画的不一定是品牌故事，但只要故事内容足够精彩、所表达的情感足够深入人心，就能够对观众产生独特的吸引力。

微电影传播性强，能有效缩短品牌与用户之间的距离。微电影广告大多是为企业、品牌或商品量身打造，能够较为准确地传达企业文化、品牌特性、商品特征。而当一个极具感染力的微电影广告被投放在市面上，用户很容易被广告内容所打动，从而更为迅速地接受品牌理念，自动增强品牌信任，这大大缩短了品牌与用户之间的距离，微电影广告优于传统广告的传播效果便体现在这里。

另外，微电影广告的投放渠道多种多样，比如企业官网、公众号、微博、各大短视频平台等，这也使得其传播性更强。

◆ 如何借助微电影进行品牌营销

微电影虽然具备突出的营销优势，但如果不掌握相关营销策略，只流于形式，也无法打动受众，无法发挥应有的营销效果。

那么，如何借助微电影进行品牌营销呢？

第一，精磨内容。微电影虽然时长较短，却也需要主创人员细心准备、精磨内容，毕竟只有高质量的内容才具备打动人心的力量，才有可能收获高口碑，引爆点击率。无论是哪一类主题的微电影广告，想要打造优质内容，首先要保证创作脚本足够扎实，故事情节引人入胜，镜头调度丰富精准，画面呈现足够精彩。

第二，将产品特性、品牌概念巧妙植入情节中。为了尽可能地减少广告痕迹，微电影中最好不要有生硬地展示产品、借主角之口说出产品广告词之类的镜头，而是要将产品特性、品牌概念巧妙地融入故事情节之中，刻画产品、品牌的情感价值、内在精神，在潜移默化中引导观众接受、认可品牌理念。

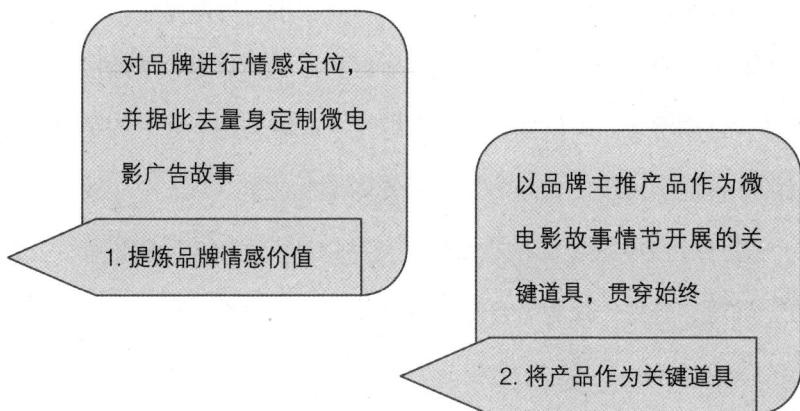

对品牌进行情感定位，并据此去量身定制微电影广告故事

1. 提炼品牌情感价值

以品牌主推产品作为微电影故事情节开展的关键道具，贯穿始终

2. 将产品作为关键道具

将品牌理念巧妙融入微电影情节的方式

第三，采取合适、新颖的创作方法和创作技巧。近些年来，微电影广告内容同质化严重，导致观众审美疲劳加剧，也会在无形中削弱微电影广告的营销作用。

在竞争激烈的市场环境下，唯有不断地推陈出新才能被观众记住，才能带来持有的生命力。品牌想要借助微电影，就一定要注重创作手法和技巧的创新性，不要照搬别人的创意。比如别具一格的人物

形象塑造、悬念迭生的故事情节和富有冲击力的叙事手法、紧张刺激
的动作场面或极具美学表现力的画面呈现等，都会给人留下深刻印
象，吸引人们点击观看。

营销案例

令人眼前一亮的微电影形式
——动画微电影广告

近些年来，一些原创动画微电影广告让人眼前一亮，其新颖的制作方式和品牌内涵展现形式带给观众别样的观赏乐趣。

比如，手机品牌曾与某导演合作，拍摄了一支动画影片，讲述一只狂热爱好摄影的兔子利用 H 品牌的手机拍照功能与狐狸、黑豹等斗智斗勇并成功逃生的故事，将该品牌手机强大的拍照功能展现得淋漓尽致。

这支影片上线后，立刻引起了网友广泛的讨论，随着影片点击率越来越高，该品牌的手机也迎来了一波销售热潮。

4.2

促销激励，实现裂变式传播

品牌促销指的是企业方、品牌方为了扩大品牌、产品影响力，增强市场份额所采用的一系列营销策略及活动。新颖的品牌促销活动能极大地增强用户的体验感，实现品牌裂变式传播。

4.2.1　品牌促销的好处

对于绝大多数品牌而言，定期举办品牌促销活动也是打响知名度的方式之一。一场高质量的促销活动所带来的好处绝对是超越预期的。

第一，激发顾客消费热情，实现盈利。品牌方举办促销活动最直接的目的就是引导顾客消费，获取更多的经济效益。顾客消费热情越高，品牌方获取的利润就越多。

第二，加速商品周转流程，降低库存。品牌方举办的促销活动

激发顾客消费热情，实现盈利

加速商品周转流程，降低库存

宣传新品牌，形成自传播力

品牌促销的好处

在激发顾客购买欲望的同时大大提升了商品的购买率，并通过这种方式达到消除商品库存、优化商品周转流程的目的。有的品牌方会将一些销量较低的商品搭配热门商品一起销售，并适当地给予一定的折扣，这种促销方式能提升滞销产品的销量，有效降低库存成本。

第三，宣传新品牌，形成自传播力。每当一个新品牌或一家新店出现在人们视野中时，为了扩大知名度，总会采取各种促销手段去做营销宣传，尤其是在促销活动新颖、力度较大的时候，会引发很多消费者的关注。如果消费者体验感不错，就会自发地替产品、品牌宣传。而利用"口口相传"，顾客群体自发形成的宣传圈将不断扩大，这也使得产品、品牌形成了自传播力，具备了裂变式传播基础。

4.2.2　品牌促销如何实现裂变式传播

所谓裂变式传播，指的是利用庞大的传播基础来实现一传十、十传百的扩散式的传播路径和传播效果。裂变式传播的核心在于用户的自发扩散效应。想要利用品牌促销来实现裂变式传播，就要尽可能地给予用户更好的体验感，使用户自发地去替品牌做宣传。

◆ 选择合适的品牌促销方式

一般情况下，采取"利益诱惑"的方式能较为容易地实现用户的自发扩散效应，形成裂变式传播。而品牌促销的本质正是"利益诱惑"。需要注意的是，品牌成功实施"促销诱惑"的前提是选择合适的品牌促销形式，以最大程度地刺激用户消费、自发宣传。

现实生活中，品牌方所采取的典型的促销方式有折扣促销、游戏促销、限时抢购、VIP 充值优惠、免费赠品等。

折扣促销，即采取打折的方式吸引顾客下单、购买。打折促销运用得最为频繁，也最能吸引顾客关注。通常情况下，减价力度越大，越能刺激顾客消费。品牌方想要实现裂变式传播效果，在打折方式上也可以花一点巧思。比如，如果顾客是第一次消费且转发品牌信息，就给予其一定折扣。

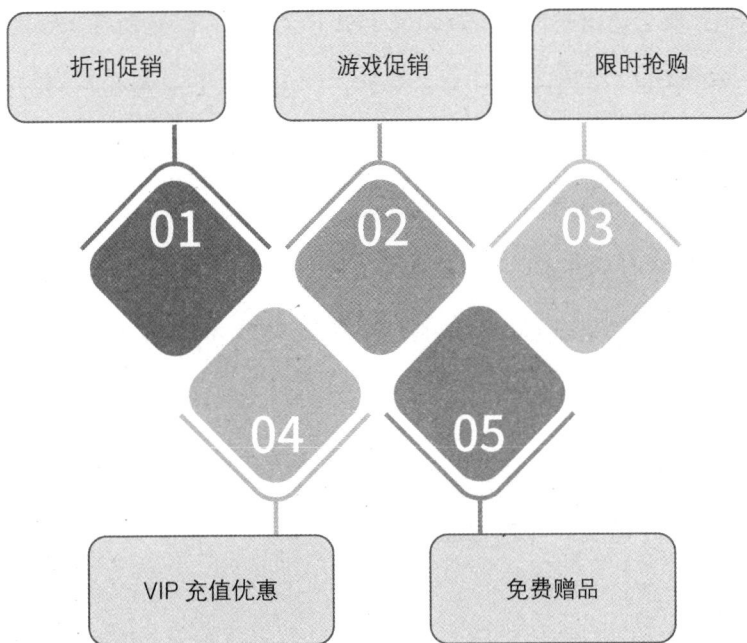

典型的品牌促销方式

游戏促销，即设计一些互动小游戏去吸引顾客参与购买并宣传商品。游戏方式有抽奖类、竞赛类等。通常游戏形式越是新颖、有趣，游戏奖品越是丰厚，越能令顾客产生尝试的冲动。

限时抢购，同样是利用商品减价的方式集聚线上流量和线下人流量。不同的是商品折扣有时间、数量限制，尤其是在线上直播间里，一些限时秒杀活动在营造紧张气氛的情况下很容易激发用户的抢购行为。

VIP 充值优惠，即购买会员卡，充值一定的数额可得到一定的价格优惠。有的品牌会开展充值送免单卡活动，比如首次充值金额达到

800元，那么会赠送价值150元的免单卡给予顾客随意消费。

免费赠品，即消费满一定金额后，就免费赠予一些礼品。赠送的礼品或具有实用性，或具有观赏性，或具有其他价值等，这些礼品对顾客而言也是比较具有吸引力的。

品牌方可结合现实情况去选择以上一种或多种促销方式，给顾客叠加福利，令顾客获得更高的满足感和成就感，使其自动自发地在社交圈为品牌、产品做宣传。

◆ 宣传造势，吸引顾客关注

品牌促销活动吸引的顾客越多，互动效果就越强，传播基础就越大，也就越容易形成裂变式营销。

想要吸引更多的顾客关注，品牌方在举办促销活动之前，最好进行一定的宣传造势，激发顾客的从众心理，点燃顾客自发参与、购买产品的激情。在宣传造势的过程中，应注意以下事项。

第一，提前准备。一场优质的促销活动需要花费一定的时间去准备，而具体的准备时间应根据促销活动的规模、预期成本和参与人数等因素而确定。

第二，结合线上线下渠道，急速扩散活动通知。所谓渠道为王，想要扩大活动通知的投放面积，就要将线上联合线下，挖掘更多的投放渠道。

线上：官网，微博，微信公众号，自
媒体平台，易企秀等H5营销平台，
知乎、豆瓣等知名社区，等等

线下：楼宇、灯箱、电梯、小区宣传栏、
地铁、公交车、高铁、机场、高速公路、
高速服务区，等等

线上线下活动通知广告的投放渠道

◆ 安排有序，点燃顾客参与热情

做好前期的活动宣传、活动策划（确定促销活动形式、时间、地
点、人员、奖品等）后，接下来至关重要的就是促销活动的安排工
作，唯有安排有序，亮点频出，才能顺利点燃顾客的参与热情。

下面以线下促销活动为例，讲述在品牌促销活动策划、安排的过
程中需要注意的相关事项。

第一，抓住促销的最佳时间点，最好在节日的时候进行品牌促销
活动，比如中秋节、国庆节等，因为节日期间气氛热烈，民众的消费
热情高涨，在这期间举办促销活动，能得到很好的宣传效果。

第二，活动形式或新颖有趣或温暖感人，能够让顾客得到快乐、
舒适、满足或其他正向情感感受，并感受到品牌方的诚意。比如某婚

纱摄影品牌曾在线下一场促销活动前邀请几对金婚夫妇免费拍摄婚纱照，并在活动现场播放，几乎感动了现场所有的观众。不少观众当场留下了电话号码，成为这一婚纱摄影品牌的潜在客户。

第三，在活动执行的过程中一定要有条不紊地做好各项工作安排，最大化地进行品牌宣传和产品销售。

在品牌促销活动举办中后期，需要重点关注这几方面。

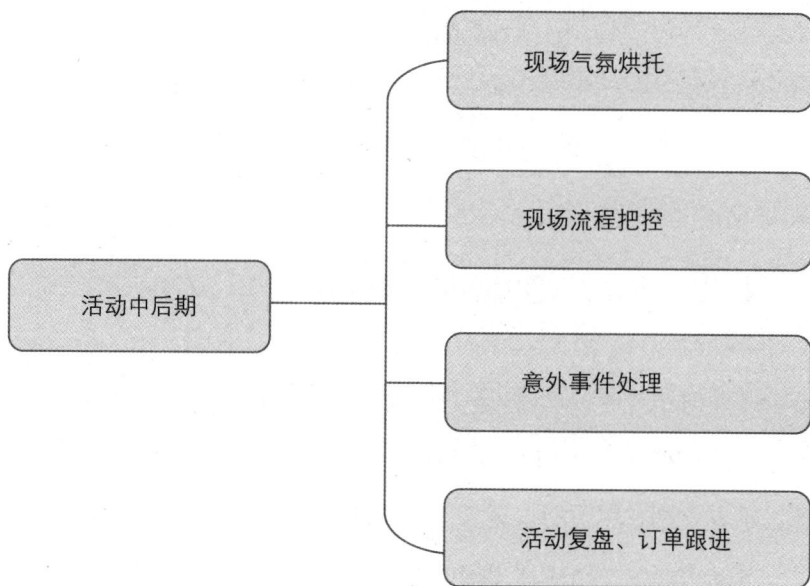

现场气氛烘托

现场流程把控

活动中后期

意外事件处理

活动复盘、订单跟进

品牌促销活动中后期需着重关注的事项

4.3

搭建自媒体，开拓传播新阵地

随着自媒体的快速发展，各大新旧品牌也有了新的传播方向与渠道来推广与宣传品牌。各大品牌在合适的自媒体平台上创建自媒体账号，建立品宣阵地，扩大品牌传播力。

4.3.1　品牌自媒体营销的优势与作用

◆ 品牌自媒体营销优势

以往，企业品牌宣传与推广的渠道有电视广告、报刊广告等，宣传方式较为简单直接，渠道也有限，花费一般情况下比较高昂。如今，随着自媒体平台纷纷兴起，品牌自媒体宣传也变得越来越常见。

品牌自媒体营销优势主要建立在自媒体本身的传播特点之上，比如传播速度快、交互性强、个性鲜明、形式多样等。

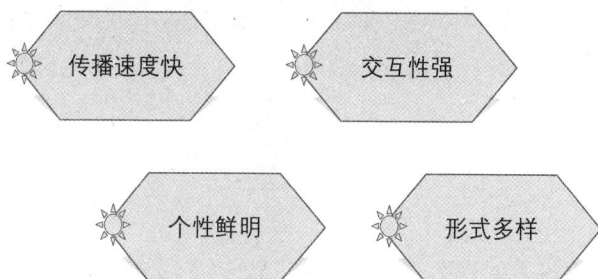

传播速度快　交互性强

个性鲜明　形式多样

自媒体的传播特点

首先，自媒体传播速度快。品牌借助自媒体进行宣传与推广时，只要运营得当，策略巧妙，就可能在很短的时间内吸引一大批用户的关注，大大提升品牌的影响力，达到令人满意的宣传效果。

其次，自媒体交互性强。自媒体受众之间的交流更顺畅，他们大多热衷于分享与互动。品牌方搭建了自家的自媒体宣传阵地后，能随时发布品牌信息，分享品牌故事，毫无障碍地与用户沟通、交流。这时，品牌与用户之间的距离被大大缩短，二者之间的平等性会让受众更易于接受品牌理念，与品牌之间建立起更强的关联与信任感。

再次，自媒体运营者为了赢得用户的喜欢与关注，多会在内容上另辟蹊径，突出个性化风格，给用户带来耳目一新的感受。这与品牌调性不谋而合。品牌要想在激烈的竞争中脱颖而出，也要拥有自己独特的个性和品牌理念，如果过于普通就很容易被淹没在同质化的营销创意里。

最后，不同类型的自媒体平台输出的内容有着不同的表现形式。品牌在利用资讯类自媒体平台进行宣传与推广时，可以发布图文形式的广告，吸引受众关注；在视频类自媒体平台上，则可以用长、短

"种草"视频介绍品牌产品，形成用户品牌认知等。自媒体多样化的内容表现形式使得品牌营销方式也变得多种多样，传播力度强。

◆ 品牌自媒体营销作用

品牌创建自媒体营销阵地，能加速传播，带来更大的影响力。具体而言，品牌自媒体营销作用体现在以下两个方面。

第一，打通渠道，实现营销闭环。

品牌方通过各种自媒体渠道去宣传产品，而用户在接收品牌、产品信息的同时，也可以在官网、公众号、直播间等品牌方搭建的自媒体平台上去购买产品。此外，一些线下门店还可以通过线上下单、线下取货的方式节约线下门店排队时间，如太平鸟、海澜之家等服装品牌就提供线上下单、门店自取服务，这就使得线上线下渠道被顺利地连接贯通，形成了完整的营销闭环。

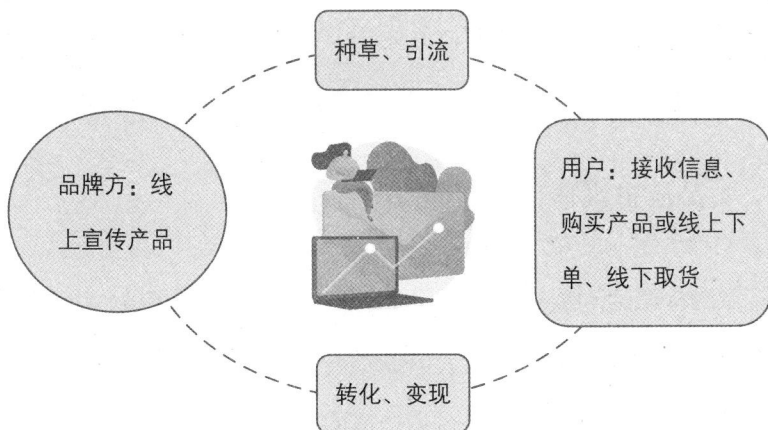

打通线上线下渠道，实现营销闭环

另外，品牌自媒体除了可以作为官方发声渠道外，也能成为客户服务平台的入口。比如，品牌微信公众号一般都设置在线客服人员为用户答疑解惑，使用户获得更好的体验感。

第二，推动流量经济，提升品牌影响力。

在品牌自媒体运营顺利、出色的情况下，品牌方搭建的各大自媒体平台上也将积聚起一大批粉丝的关注。在移动互联网时代，粉丝、点击率、流量都是可以变现的资源，流量经济也因此兴起。在竞争激烈的流量时代，随着品牌自媒体上点击率、粉丝关注度和好感度的逐渐攀升，品牌的可持续发展也就有了保障，品牌力也逐渐加强，品牌形象更是深入人心，消费者与品牌之间信任与被信任的关系也变得越来越牢固。这无疑是无比契合品牌长期发展的经营策略的。

4.3.2　品牌自媒体传播渠道与模式

◆ 品牌自媒体传播渠道

品牌自媒体传播主要是以不同类型的平台为传播渠道，大致可分为资讯类、社群类、视频类、电商类、直播类等平台。品牌方可根据品牌特色、产品特性等选择最合适的平台入驻，展开品牌自媒体运营。

资讯类平台：头条号、大鱼号、企鹅号等

社群类平台：微信公众号、微博、QQ 等

视频类平台：抖音、快手、B 站等

电商类平台：京东、淘宝、小红书等

直播类平台：点淘、京东直播、抖音直播等

品牌自媒体传播渠道

◆ 品牌自媒体传播模式

品牌自媒体传播模式多种多样，不同的自媒体运营平台有着不同的传播特色。典型的有社群传播、细分化传播、多渠道传播等。

社群传播指的是将具有相同或类似喜好的人聚集在一起，组建成一个不断扩大的社群，在此基础上进行品牌宣传、产品营销。这种营销模式离不开线上社群（聚集在线上虚拟社区里的拥有共同兴趣、爱好或特征的用户群体）的聚集。品牌方通过社群传播，能够与用户进行深层次的交流，从而最大程度地获取用户的信任，这有助于品牌与用户建立长期的友好关系。

细分化传播指的是将受众群体进行层层细分（细分参考因素有年龄、性别、学历、职业领域、消费习惯、购买力等），再针对不同的受众逐一定制、投放个性化营销策略。品牌利用自媒体进行细分化传播时，能够将更多信息精准传达给目标受众，激起受众的兴趣，这就大大提高传播的准确度和效率。

多渠道传播指的是同时利用多种自媒体传播渠道去传递品牌信息。目前，很多品牌采取的都是多渠道传播模式，将各种传播渠道整合利用，以进一步扩大目标市场，达到传播效率最大化。

4.3.3 品牌自媒体营销阵地的搭建法则

积极搭建品牌自媒体营销阵地，开创更多宣传渠道，能够帮助扩大品牌认知度和传播力。那么，各大品牌方如何搭建自媒体营销阵地？运营中又需要注意哪些事项呢？

第一，创建账号，进行运营定位。

选择好入驻的自媒体平台后，品牌方首先需要创建账号，进行运营定位。运营定位大致分为三个层次：品牌、产品、用户，它们有着各自的定位标准。

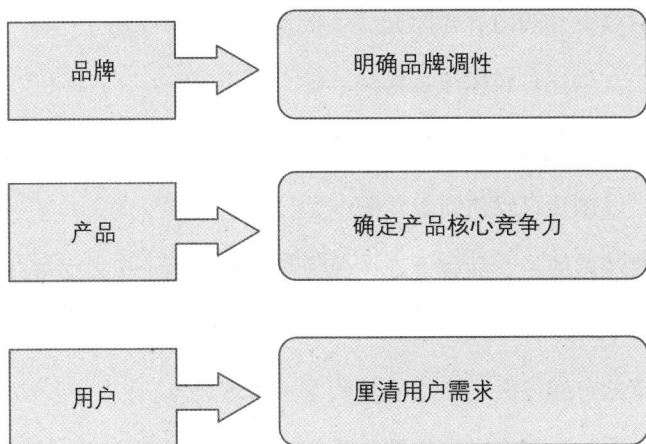

如何对品牌、产品、用户进行定位

首先，想要做好品牌定位，就需要明确品牌调性（即品牌在自媒体平台上所展现出来的风格与气质）。品牌应根据自身特色去明确调性。比如，高端、奢华品牌应表现出精致、华丽感或简约、疏离感；大众化品牌则应给人以舒适和亲切感；运动类服装品牌应给人留下精力充沛、活力无限的印象；潮服品牌应表现出时尚、个性感。

明确品牌调性，才能输出更有质感、更符合品牌风格和特色的内容，以吸引目标受众的关注。

其次，想要做好产品定位，就要确定产品核心竞争力。品牌旗下的产品可能拥有很多优点，那么在对标竞争对手的时候，可提炼的产品最佳卖点有哪些，哪些方面最能切中用户痛点。只有明确了产品核心竞争力后，才能有针对性地持续设计、输出内容。

最后，想要做好用户定位，就要厘清用户需求。品牌自媒体内容的输出建立在清晰、具体的用户画像上，深入了解用户群体的特征与需求，后续设计的内容才能充实、接地气、指导性强。

第二，创建自媒体流量矩阵，扩大流量池。

品牌方进行自媒体运营，开拓传播新阵地，可选择多个自媒体平台入驻，以创建自媒体流量矩阵。

需要注意的是，品牌方在创建流量矩阵之前一定要做好规划，确保入驻的平台符合品牌调性，而不是盲目注册一堆与自身品牌宣传定位不相符的自媒体账号，平白浪费很多管理成本。

品牌方初步创建了自媒体流量矩阵后，想要成功扩大流量池，就要持续、不间断地输出高品质内容。因为不同平台有着不同的用户群体，所以品牌方最好根据不同平台、不同推广群体特性去设计不同的内容，而不是在编辑好一则内容后，将其同时发布在所有平台上，如此才能最大化地发挥流量矩阵的联合效应和运营价值。

4.4

建立品牌信任感，实现公关传播

品牌广告、促销活动等虽然在引流方面具有优势，能起到良好的品牌宣传效果，但想要进一步扩大品牌传播力，就要建立品牌信任感，用好口碑来实现公关传播。

4.4.1　用品牌承诺增强信任感

品牌方在品牌定位阶段就要考虑品牌承诺的相关事项。所谓品牌承诺，指的是品牌给予消费者的产品质量、服务等方面的保证，品牌方可用品牌承诺的方式向用户传达品牌理念，赢取用户的信任。

承诺要能够兑现,不开空头支票,如顾客生日消费打折,超时配送免单等。	承诺要实用,如"七天无理由退货""一年包换、五年保修"等。

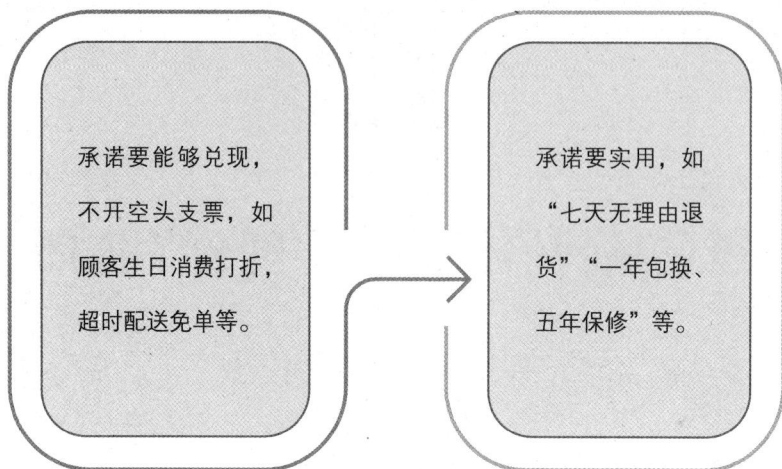

品牌承诺的思路

4.4.2　用产品认证、供应链溯源增强信任感

　　品牌可通过国家工商业联合会、行业主流协会、地方协会等颁发的证书、认证标志等展现品牌产品资质等级和质量水平,提升品牌影响力。对于消费者而言,产品质量认证能够提供更真实的产品信息,也能为消费者购买产品提供更多的保障,使得消费者对品牌愈发信任。

　　另外,品牌还可以通过产品供应渠道及源头追溯来证明产品质量的可靠性。比如某矿泉水品牌的主打卖点是自家矿泉水水源来自某小镇的山泉水,纯天然、无污染、健康安全,以此增加消费者的信任。

4.4.3 用明星、专家代言增强信任感

品牌方可通过邀请明星、专家为其代言的方式扩大品牌知名度，实现公关传播。

明星属于社会名人，其一举一动很容易引起民众的关注，利用明星效应，可以为品牌吸聚流量、增强好感。

专家拥有广博的专业知识，能够给消费者提供更专业的意见，民众对于专家的信任度也很高。启用专家代言人，能够借助专家的专业性和影响力去增强消费者对于品牌的信任感。

需要注意的是，挑选明星、专家代言人要格外用心，最好挑选业内口碑良好、无污点、真正靠谱的明星或专家代言人，如此才能提升品牌价值。另外，挑选的代言人自身气质要与品牌形象相契合，如此才能彰显品牌特点与魅力，吸引消费者的关注。

第 5 章

战略布控，
打响品牌营销战

当前时代是一个品牌层出不穷的时代，各行各业的品牌数量比以往任何时期都要多，新的品牌不断尝试出圈，传统品牌则不断尝试打破传统营销禁锢。

在激烈的市场竞争下，谁的营销战略更科学有效，谁就能在市场竞争中掌握主动权。

5.1

从消费者入手，将消费者变为
品牌传播者

由企业传播的品牌信息，和由消费者传播的品牌信息，两者相比，绝大多数消费者更愿意相信后者，因为消费者与消费者之间具有天然的亲近感。聪明的企业经营管理者会选择将消费者变为品牌传播者，让消费者助力品牌营销。

5.1.1　了解消费者

在品牌营销中，将消费者变为品牌传播者，是对品牌用户思维的营销实践。

品牌要吸引消费者，首先要了解消费者，了解消费者的消费需求（物质和精神）对品牌的营销定位和营销策略的制定与开展至关重要。

本书第 2 章阐述了找准品牌定位和确立目标用户群的方法，在此基础上，还要围绕目标用户群展开全方位的市场调研与分析，寻找目标用户群与品牌文化的共同点，拉近消费者与品牌之间的关系，让品牌走进目标用户群的视野，并迅速被目标消费群体关注。

> 了解目标消费群体的消费喜好、个性特点、社会身份象征

> 了解目标消费群体与品牌理念、产品属性的共同点

> 了解目标消费群体对品牌的认知度

> 了解目标消费群体对品牌的期望值

了解消费者是品牌营销的重要基础

5.1.2 让消费者成为品牌的粉丝

对于品牌来说，普通消费者从关注品牌到只购买该品牌的产品，需要一个发展过程。在这一过程中，品牌营销者就需要发挥好消费指

导者的角色，指导消费者认识品牌、信任品牌，帮助消费者完成从普通消费者到品牌粉丝的蜕变。

让消费者成为品牌的粉丝，不断增加消费者的品牌粉丝黏性，可以尝试从以下几个方面开展营销。

◆ 亲近消费者

高高在上、不近人情的品牌很难走近消费者，自然也就不会得到消费者的喜欢和拥护。品牌要想吸引消费者，要学会主动亲近消费者，而不是让消费者在市场中辛苦地寻找品牌。

不同的品牌定位亲近消费者的方式不同。以产品价格（价格是区分品牌定位的重要标准）为例，不同品牌主动亲近消费者的方式不同。

生产平价产品的品牌大多会选择主动回馈新老客户、直播营销等方式主动搭建与消费者对话的平台，从而为消费者了解品牌活动、购买产品提供便利。

以打造奢侈品为主的品牌往往会通过举办品牌发布会、艺术沙龙、走秀等方式为消费者提供了解品牌及其产品的机会，为消费者了解产品、了解品牌理念与文化内涵提供帮助，而不仅仅让消费者只能从官网或橱窗中浏览产品和品牌。

此外，品牌邀请明星代言也是亲近粉丝的重要方式。一般来说，不同明星大都有其既定的粉丝人群，如果能选中与品牌形象和理念相契合的明星作为形象代言人，那么无疑可以将明星背后的粉丝群体转化为目标消费群体。

简单总结来说,品牌要赢得消费者的关注和认同,就应走近消费者。这需要品牌主动出击,而非被动等待被消费者发现。

◆ 与消费者交流和互动

品牌与消费者之间"相互认识"之后,接下来要做的就是进一步增进双方之间的关系。品牌通过与消费者的交流与互动,一方面可以为品牌培养粉丝,另一方面可以更深层次地了解消费者进而优化产品和品牌营销策略。

品牌与消费者之间的交流和互动可以直接以品牌方为主体发起,也可以以第三方为纽带发起。

例如,品牌方在微博或 App 客户端发起的点赞、评论和有奖转发活动、创意文案或活动征集活动、买家秀和买家故事活动等,是品牌方与消费者交流与互动的常见方式。

一些品牌拥有自己的粉丝后援会、粉丝交流群,品牌方工作人员深入品牌粉丝中有助于品牌了解关于粉丝消费理念、消费喜好、消费需求等的第一手资料。

再如,品牌邀请明星参加品牌线下门店或商场地推活动,是借由明星开展的与消费者的交流与互动。这也是目前比较常见的一种品牌营销和推广方式。

◆ 引导消费者为品牌发声

消费者是品牌最好的代言人，如果能让消费者来诉说品牌的优点和好处，无疑会让品牌营销起到事半功倍的效果。

品牌要善于为消费者创造表达他们对品牌的感受和想法的机会，让品牌忠实的消费者成为众多消费者中的意见领袖，不断增加品牌的知名度与美誉度，进而使品牌能吸引更多的消费者。

在这里需要特别提醒的一点是，企业应加强对消费者品牌发声的督导工作。一方面，引导消费者客观、正向发声，另一方面，警惕消费者中的恶意差评。如在粉丝群做好群管理工作，在买家评论区及时回复中差评，在微博官方账户或官网中发布充满正能量的品牌信息，同时不畏惧与恶评者的正面交锋，积极维护品牌的良好形象。

5.1.3 和消费者共创品牌

在商品同质化异常严重的当下，品牌应着力于将自身与其他同类产品区分开来，让消费者能快速识别到自己需要的产品。如牙膏品牌中，有的强调防蛀、护龈；有的打造抗敏、修复；有的打造美白。不同品牌均有各自的消费者人群。但如果消费者的品牌黏性不强，就容易被转化成为其他品牌的消费者。

　　根据马斯洛的需求理论，人们在自我生存的物质需求满足之后往往更重视产品对自己的精神需求的满足。因此，单纯基于人们物质消费需求的品牌很容易被替代。如果品牌能满足人们的精神需求，那么这种品牌就会牢牢抓住消费者，具有不可替代性。

　　当品牌的产品能满足消费者的精神需求时，那么该品牌便具有了消费者的个人专属性。因为该品牌及其产品中有消费者的个人付出，所以消费者自然会忠于该品牌及其产品。

　　野兽派从小小花店成长为知名鲜花品牌，是品牌营销中的成功典型。野兽派的鲜花作品并非简单的插花，而是根据消费者的故事进行的鲜花创作，每一个鲜花作品中都融入了消费者的故事、情感。这种品牌坚持与消费者共创的模式和理念，让野兽派逐渐成长为奢侈品类花束品牌，也成为艺术生活方式品牌中的佼佼者。

5.2

花样"蹭热点"，让品牌快速吸粉

热点营销是互联网背景下十分常见的营销方式之一，品牌"蹭热点"能有效增加品牌的被关注度，是一种应用较广的品牌营销方式。

5.2.1　如何判断"热点"

"热点"，是指能广泛引起社会大众关注的信息。当一个热点事件出现后，其讨论度会大大超过同一时间段内的其他事件。

要判断一个讨论度突然增加的事件是否为"热点"，或者有没有成为"热点"的潜力，要看它是否具备以下特征。

（1）传播快。当一个新闻事件或人物在短时间内被社会大众知晓时，这个新闻事件或人物就可能成为"热点"。

（2）传播广。"热点"具有传播广的特点，会在短时间内成为多个平台的热搜，被不同领域、行业的人广泛关注、提及。

（3）讨论热度高。"热点"往往具有较高的讨论热度，并且可能被不同的人从不同的角度进行讨论或评论。

5.2.2　品牌营销应该这样"蹭热点"

社交媒体平台是"热点"多发的巨大"流量池"，一个热点的出现往往会吸引数量庞大的网络用户关注，因此品牌"蹭热点"最佳的地点就是社交媒体平台。

找到了"热点"多发的地点之后，品牌还应抓住时机、角度，精准地"蹭热点"。

品牌"蹭热点"的要点

"蹭热点"时要参考"热点"的时效性、受众面、讨论话题和潜在风险。具体来说，品牌"蹭热点"应重点考虑以下几点。

◆ 时间及时

品牌"蹭热点"应紧跟"热点"的热度，要确保在"热点"的网络讨论热度还没有减弱时，及时抓住传播速度快的"热点"做文章，将品牌与"热点"联系起来，通过"热点"吸引和激发消费者对品牌的关注。

◆ 定位准确

品牌"蹭热点"前，应充分分析处于"热点"讨论中心的人或事普遍代表了哪一个社会群体，该社会群体是否与品牌目标消费群体存在相似性、是否具有相关性。

在明确"热点"与品牌受众相关性的基础上，准确定位品牌面对"热点"的态度和价值观，将品牌讨论融入"热点"讨论话题中，让品牌在"热点"的持续讨论中被关注、被讨论。

◆ 切入合理

品牌"蹭热点"时，切入的角度和出发点要合理，要能合理表达品牌观点，不可为了蹭"热点"而强行"蹭热点"。比如母婴产品应关注母婴群体，从母爱、婴幼儿健康成长的角度切入相关"热点"；钻石品牌可以从爱情观、婚姻观的角度切入相关"热点"。如果上述不同品牌的切入点互换，就会显得莫名其妙。

◆ 风险预估

品牌"蹭热点"可以借势而上，也有可能在大众的讨论中变成被讨伐的对象，因此品牌"蹭热点"具有一定的风险性。在这一过程中，要对可能存在的风险做出预估，不要为了"蹭热点"而"蹭热点"，以免给品牌带来负面影响。

5.2.3　品牌"蹭热点"的常见误区

对于品牌来说，合理"蹭热点"无疑能成为品牌顺势而上的东风，使品牌顺利走进大众视野，提高品牌的知名度，但是如果"热点"蹭得不好，也会给品牌营销带来危机。

品牌"蹭热点"应尽量规避以下常见误区：

●为了"蹭热点"而"蹭热点"，甚至花钱买热搜，雇佣"水军"，强行占用公共资源，引起公众反感。

●盲目跟风"蹭热点"，没有结合品牌特色，使公众只关注热点本身，而并未关注到品牌，甚至因"蹭热点"而为其他品牌做嫁衣。

　　●没有对"热点"的全面思考，在"蹭热点"时试图通过"语出
惊人"来吸引大众视线，却因言论不当给品牌造成负面影响。

5.3

不卖产品卖体验，快速提升转化率

消费体验是影响品牌美誉度的重要因素，是品牌获得消费者好感的加分项。结合消费者的一般购物流程，品牌方可以从以下几个方面优化消费者的消费体验，帮助消费者完成消费过程，以提升品牌的商品转化率。

5.3.1　充分发挥导购的作用

出色的导购工作能为提高商品转化率奠定良好的基础。无论是线上购物还是线下购物，如果在消费者浏览商品遇到困难时，第一时间得到客服或导购员的帮助，这将给消费者留下良好的品牌和店铺印象。

就线上营销来说，当消费者加购产品后，或主动联系客服时，客服应给予消费者热情的回应，为消费者选购商品提供信息参考，引导消费者选购适合的商品。

就线下营销而言，当消费者进入门店后，导购员应热情欢迎消费者的到来，并询问消费者是否需要商品推荐或介绍服务，使服务尽量做到热情周到而又不给消费者过大的心理压力。

5.3.2　消费者购物过程的优化

◆ 线上购物

消费者在线上自主选购商品过程中，品牌应为消费者的线上购物提供便利。具体来说，品牌营销者应在商品详情页中明确标明商品规格、参考数值、商品细节展示、定制商品下单流程、商品包装及发货问题等，方便消费者参考下单；线上客服及时回复消费者信息，并将与商品有关的注意事项详细整理、分享给消费者，做好提醒服务。

◆ 线下购物

消费者在品牌门店购物时，品牌方应尽量为消费者营造舒适的购物环境。如根据消费者的购物动线摆放商品，店铺装修风格应符合目标消费群体的品位，为会员提供打包或打折服务，为消费者提供免费试用 / 试穿 / 试吃及休息区域，等等。要让消费者在轻松愉快的环境中享受购物过程。

良好的购物体验能为消费者带来品牌良好形象的切身体会和心理暗示，是品牌吸粉、提升商品转化率的重要秘籍。

甜品店休闲区

5.3.3 完善售后

优秀的品牌面向消费者所提供的服务并不止步于产品卖出去的那一刻，而是还会继续关注消费者后续应该如何合理使用产品、保养产品、维修产品、回购产品，即关注产品的售后服务。

要想做好品牌营销，一定不能忽视产品售后服务。尽管有些消费者在购买产品后不需要售后服务，但品牌仍要重视售后工作的落实，因为就整个消费者群体而言，售后服务是消费者购物体验的重要环节，对消费者购物体验有重要的影响。

总之，良好的产品购物体验能给品牌带来良好的口碑，也能为品牌培养许多忠实粉丝和"回头客"，这对品牌形象提升、商品转化率提升十分有益。

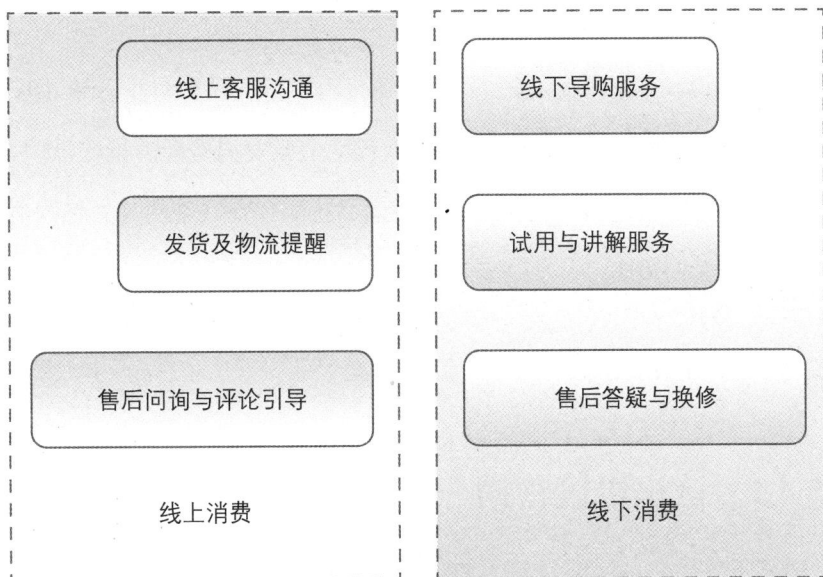

消费者购物过程梳理

5.4

消费者"饿"一点才能"吃"更多

俗话说,"物以稀为贵。"在市场营销中,产品数量少,供不应求,消费者"吃不饱"时,会在很大程度上激发消费者的抢购欲望,而当商品再次供应时,消费者就会将商品抢购一空,这便是品牌营销中的饥饿营销策略。

5.4.1　认识饥饿营销

所谓饥饿营销,是指商家在产品营销过程中,故意给消费者营造一种产品数量少、供不应求的假象,以此来打造产品稀缺、珍贵的印象,以及品牌形象好、追随者(粉丝)多的品牌形象。

要做好饥饿营销,把控消费者"饿"的程度,在营销过程中应重点做好以下几点工作。

第一，做好宣传工作。

在产品正式售卖之前，要为品牌和产品造势，制造营销热点、产品话题等，让消费者对品牌接下来的市场行为和新发布或新发售的产品充满期待。

第二，控制产品销量。

品牌新推出产品要想成功激发消费者的购买热情，就必须牢牢把握住向市场投放产品的数量，在销售数据公布上应尽量保守，在实际销售产品时应尽量满足广大消费者的购买需求（即实际卖出产品数大于，甚至远远大于公布的待售产品数量）。供不应求只是假象，要尽量为消费者留出充足的产品库存。

第三，随时调整动向。

消费者的消费欲望和消费过程受到市场中各种因素的影响，品牌在开展饥饿营销过程中，要随时观察对手竞品动态，观察市场同类产品供求、风格变化，避免消费者的消费需求在对手品牌引导下发生变化，导致消费者品牌感情发生转移。

品牌智慧

品牌好、产品佳是饥饿营销的必备前提

饥饿营销能为品牌出圈创造机会，但这有重要的前

提，即品牌口碑好、产品质量好。为消费者提供货真价实的产品是饥饿营销的先决条件。

当前市场发展已经进入买方市场时代，消费者在市场中拥有更多自主权和选择权。试想，如果品牌口碑不好，负面新闻缠身，产品质量差，消费者没有购买欲望，那么，不管饥饿营销中如何为品牌和产品造势，消费者也不会买账。

如果投机取巧地为消费者提供次品，好坏产品混发，预售时间过长等，反而会消磨消费者对品牌和产品的好感，会适得其反，进而会失去消费者和市场。

5.4.2　饥饿营销是把双刃剑

凡事有利也有弊，饥饿营销是把双刃剑，品牌方一定要慎重考虑当前品牌发展情况和产品供应是否适合开展饥饿营销，以及如何开展饥饿营销，对此要做到心中有数。

优点	缺点
·刺激消费者的购买欲望	·消耗消费者的耐心
·提高品牌知名度	·拉长销售周期
·营造品牌良好形象	·可能削弱企业诚信形象
·提高品牌市场竞争力	·不适合小企业
·增加企业收益	

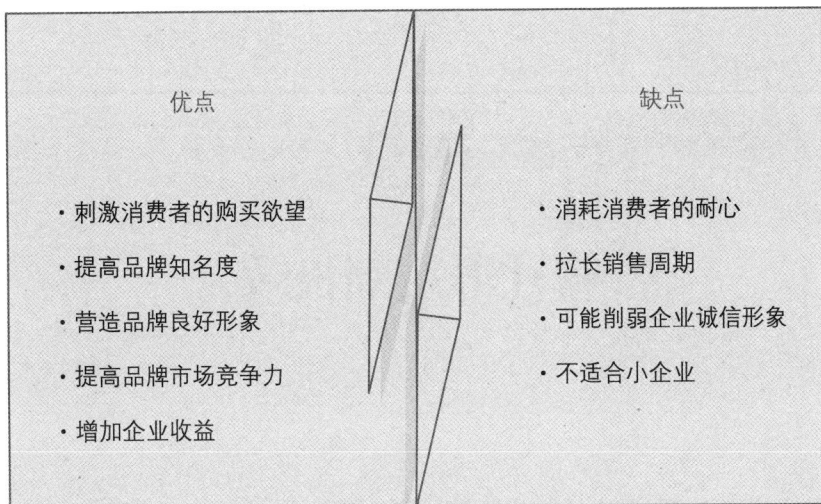

饥饿营销的优缺点

5.5

将社群玩到极致

社群营销是当下比较流行的一种营销方式，将品牌营销融入社群营销之中，充分发挥社群信息传播的聚合性和裂变性，能为品牌带来意想不到的营销效果。

5.5.1　社群与社群营销

社群（Community），简单理解就是某区域中的社会关系，现在多指网络社交关系。

社群营销是在社群环境中展开的一系列营销活动。

互联网背景下，各种社交平台为网民提供了广泛的网上社交机会。不同的人在不同社交平台交流、传播信息，形成相互交叉或覆盖的网上社交网，信息就在这些社交网中实现快速传播。

QQ、微信、微博等都是当下比较热门的社交平台，也是主要的社群营销领域。

社群用户数量庞大，彼此通过相同或相似的兴趣爱好加入或建立庞大的社群关系，社群中的每一用户都能与其他用户互动。

在社群内部，每一个人都可以是信息的创作者、传播者，可以在碎片化时间对信息进行再创作、再传播，实现社群的自行运转和社群信息在社群内部的自动传播。

随着社群信息从一个社群扩散到另一个社群，社群信息最终会实现在社群平台的快速、广泛传播。而且还可能在一段时间后再次被用户"挖出信息"再次"翻红"网络。

与其他营销方式相比，社群营销具有以下特点。

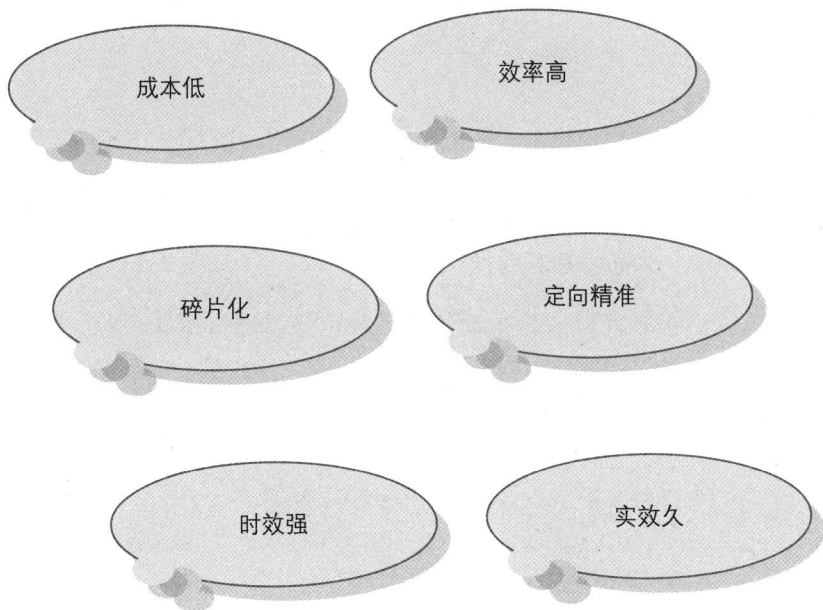

成本低

效率高

碎片化

定向精准

时效强

实效久

社群营销的特点

5.5.2　让品牌信息在社群中裂变

引导品牌信息在社群中传播、裂变，是围绕品牌开展社群营销的关键所在。无论是在品牌自建社群传播品牌信息，还是借助他人构建的社群传播品牌信息，都应该着重做好以下营销工作。

首先，结合品牌定位社群。品牌营销应具有针对性，在传播品牌信息之前，应找准适合品牌信息传播的社群。社群中的成员应是品牌用户或潜在用户。

其次，发掘社群领袖。找到社群中具有"煽动力"的关键成员，充分发挥社群中关键成员的意见领袖作用，通过关键成员引导社群成员对品牌的关注，让品牌信息能够在群内部始终保持足够的讨论热度。

再次，讲好品牌故事，输出品牌内容。寻找社群用户想要的内容与品牌相关信息内容之间的共同点，输出社群用户感兴趣的内容，讲好品牌故事，为品牌培养粉丝。

最后，引导社群成员主动传播品牌信息。通过话题讨论、活动参与、红包、游戏等方式让社群成员"嗨起来"，激发他们对品牌信息的分享热情，让品牌信息迅速扩散，从一个社群向多个社群裂变传播。

第一步：结合品牌定位社群

第二步：发掘社群领袖

第三步：讲好品牌故事，输出品牌内容

第四步：引导社群成员主动传播品牌信息

品牌社群营销的步骤

5.6

绑定产品与场景，让产品卖得更好

孤立的产品展示往往很难激发消费者的购买欲望，将产品与场景绑定起来，让消费者自主代入消费场景中，则能够有效提高产品销量。

5.6.1　优化消费者购物场景

这里从消费者线上购物和线下购物两个方面解析如何优化消费者购物场景。

◆ 电商页面设计

消费者在网上购物，点开产品页面浏览产品详情或浏览店铺其他商品时，店铺页面设计会给消费者带来直观的视觉感受。如店铺招牌样式与风格，宝贝（产品）分类导航，详情页产品信息展示，详情页文案、图片，买家秀，购物下单操作流程等，都会影响消费者的浏览体验。这些元素共同构成了消费者购物场景，会对消费者购物下单产生影响。因此，致力于发展电商的品牌应重视页面设计，正向引导消费者购买产品。

◆ 直播购物场景

当前，带货直播十分火爆。从不同品牌及其产品的直播间风格布置便足以可见主播团队对消费者直播观看体验的重视度，也侧面印证了直播购物中消费者购物场景布置、优化的重要性。

直播间背景、灯光、主播声音及语气、产品上架节奏等都会影响消费者的观看体验，并直接对消费者是否发生购物行为产生影响。因此，应重视直播间物理场景搭建与消费场景营造。

构成直播购物场景的主要元素

◆ 实体店购物场景

消费者在线下品牌实体店进行消费，实体店所构筑的物理空间能给消费者带来一定的消费场景体验，尤其是个性化的品牌实体店装修能让消费者更有归属感。

品牌实体店购物场景要素众多，如品牌线下实体店统一风格的招牌与海报，与品牌定位与风格契合的实体店内部装潢、陈设，实体店人性化的场景服务（试用／穿／吃、休闲区）等，都是影响消费者是否选择品牌、购买产品的场景要素。

以家居品牌宜家为例，宜家的样板间式商品搭配场景、仓储式商品库存展示、特色美食区、儿童游乐区等，能给消费者带来沉浸式的、轻松愉快的购物体验，这些个性化、有人情味的场景设置是值得借鉴和学习的。

5.6.2　重视为消费者构建产品使用场景

消费者购买产品的最终目的是使用产品，当一个产品被投入使用场景中展示给消费者时，会让消费者产生"这个场景会出现在我的生活／工作中""我也需要这个产品"的心理共鸣，从而成功引导消费者购买产品。

在各大品牌视频广告中，构建消费者产品使用场景的营销手段可谓被体现得淋漓尽致。

　　毫无疑问，用场景将消费者代入产品使用体验中，是宣传品牌产品、塑造品牌形象的重要营销手段。

服装搭配展示

汽车旅行展示

经典品牌广告场景解析

国内饮品品牌 N 品牌的温情广告是一代人的回忆，随着一声亲切的叫卖声，一个孩子开心地品尝着 N 品牌的产品，怀旧的场景、温馨的场面，极具代入感，让消费者产生立刻想要购买和品尝 N 品牌的产品的冲动。

国外饮品品牌 K 品牌积极融入中国市场，一系列庆贺中国新年的广告创意十足。新春佳节，亲人欢聚一堂，相聚时刻怎么能缺少饮品助兴，红色的对联、新衣、窗花、鞭炮与 K 品牌的产品的红色包装相继出现在屏幕中，营造喜气洋洋的节日气氛，给消费者营造了 K 品牌的产品是家庭团聚必备佳饮的购物心理暗示。

5.7

品牌+娱乐，引领营销新风潮

互联网时代，网民呈现年轻化趋势，品牌营销必须与时俱进，紧跟伴随着互联网长大的年轻人的思维和兴趣，探索营销新风潮。

5.7.1 让品牌营销多一点娱乐思维

互联网时代的信息创作和传播界限被打破，任何人都可以既是内容创作者，同时也是消费者。

对于普通大众来说，每天在互联网上浏览信息、休闲娱乐，是非常常见的一种休闲生活方式。

粉丝经济、明星 IP，都将互联网的娱乐性进一步放大，娱乐成为互联网的主流。

品牌要想出圈，必须牢牢把握当前社会和市场发展形势与特点，在营销中多一点娱乐思维，融入消费者的休闲娱乐生活中，也为消费者创造休闲娱乐活动，制造消费狂欢。

5.7.2 品牌+娱乐的多种营销方式

为品牌添加娱乐元素，以使品牌能在满足消费者产品需求的基础上更贴近消费者的消费心理需求，可以从多角度入手，不拘一格地促进品牌营销的娱乐化。

目前，品牌＋娱乐的营销方式主要有三种，即制造娱乐话题、制造和参与娱乐事件、赞助综艺娱乐活动或节目。

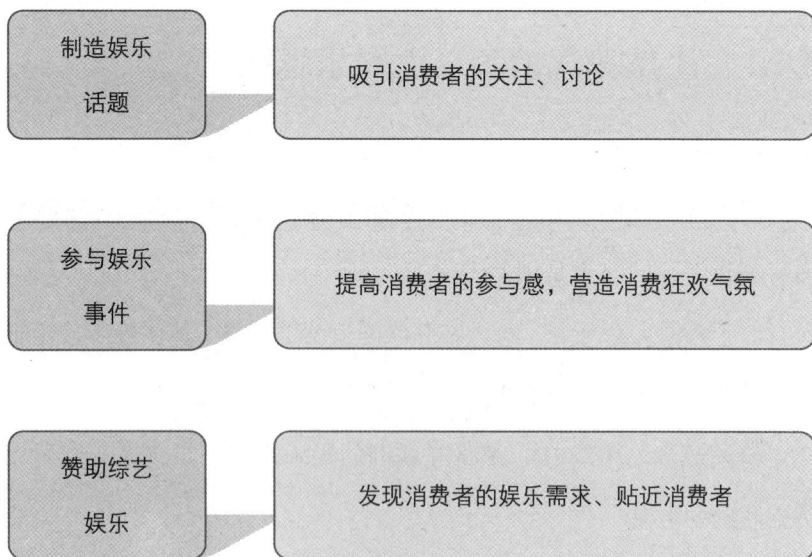

制造娱乐话题	吸引消费者的关注、讨论
参与娱乐事件	提高消费者的参与感，营造消费狂欢气氛
赞助综艺娱乐	发现消费者的娱乐需求、贴近消费者

品牌＋娱乐的主要营销方式

　　品牌在营销过程中，应明确营销目标，为消费者打造轻松愉快的营销活动，营销活动的组织形式或内容应充满创意，避免严肃、刻板。但无论何种娱乐主题、形式，都要始终坚持对消费者价值观的正向引导，坚持传播正能量。

5.8

跨界营销，抢占品牌营销新高地

品牌跨界，能帮助品牌拓宽营销思维，也能为不同品牌的"强强联合"创造营销契机，还能给消费者带来不一样的新奇感，是值得品牌方去积极尝试的品牌营销之路。

5.8.1　新潮的跨界营销

跨界，顾名思义，就是跨过界线，实现不同领域的交流甚至融合。

跨界营销，是指不同领域的品牌进行合作，为品牌加入新潮的社会流行元素，让品牌散发新活力。

这里需要特别提出的是，跨界营销不等于联合营销。相比较而言，跨界营销中品牌之间的合作与融合程度更深。

简单举例来说，两个品牌共同参与或赞助了某一场活动，互相转发宣传通告，这属于联合营销的范畴；两个品牌在宣传推广时，推出的产品使用了对方的结构或外观元素、品牌口号或广告语中吸收了对方的文化元素，这属于跨界营销的范畴。

5.8.2 品牌跨界营销的基本原则

一般来说，彼此互助、跨界营销的品牌之间要存在共性，应"门当户对"，这是品牌跨界营销的基础。在此基础上，还应进一步明确以下营销基本原则。

匹配性原则——跨界的不同品牌的市场竞争力、形象、营销思路、消费群体等应相当。

一致性原则——跨界的不同品牌的品牌理念、目标消费者群体、营销目标应一致。

互惠性原则——跨界的不同品牌在营销过程中，应坚持互惠性原则，使营销实现"1+1＞2"的效果，而不能只使一方受益。

互补性原则——跨界的不同品牌之间应在某些方面具有互补性，如品牌内涵、消费者群体、营销渠道等。

非竞争性原则——跨界的不同品牌之间不应该存在竞争关系，互为竞争对手的品牌很难走到一起。

以用户为中心原则——跨界的不同品牌要坚持以用户（消费者）为中心展开营销，关注消费者的消费需求。

第6章

破局创新，
老品牌闯出新天地

做好品牌营销，打造出一个好品牌很难，维系一个品牌的良好形象和口碑一直保持下去更难。

每一个企业都希望自己的品牌能持续保持良好的市场竞争力，这需要一代甚至是几代人的坚持努力和付出。面对不断变化的产品市场和消费市场，企业应思辨、创新，不断提升品牌价值，丰富品牌内涵，如此才能闯出新天地。

6.1

企业可以老，但品牌不能老

　　企业的可持续发展会延长企业的寿命，但随着企业结构、模式的固化，也会因为无法灵活面对不断变化的市场竞争而出现很多问题。因此，老企业时刻面临着新挑战。

6.1.1　什么样的企业是老企业

　　老企业，一般指成立时间比较久的企业。不过，除了"成立时间久"这一显著特点外，稳定的企业组织基础、坚定的企业信念和文化、保守稳定的财务政策等，都是老企业所具有的重要企业特征。这些特征得以护佑企业持续发展。

　　此外，一个老企业能经历几十年甚至百余年风雨，依然能在市场竞争中存续，说明其还具有居安思危、稳中求变的生存力和适应力，这是老企业在市场中始终屹立不倒的重要原因。

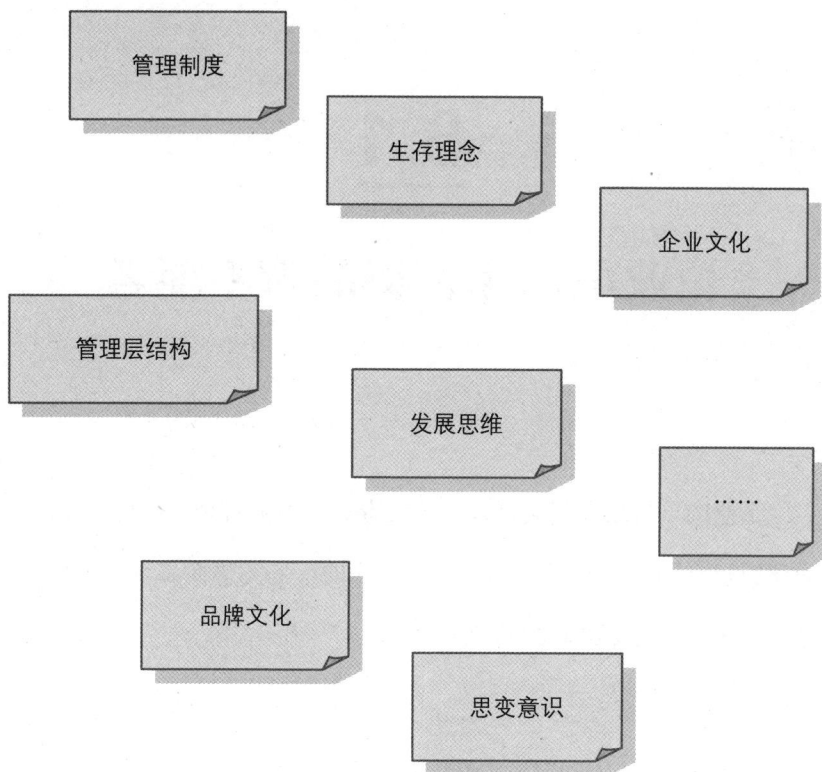

管理制度

生存理念

企业文化

管理层结构

发展思维

......

品牌文化

思变意识

老企业的典型特点

6.1.2　老企业的品牌优势

老企业从成立初期到现在，其生存的市场环境已经发生了很大的变化，但在品牌竞争中，老企业依然具有不可忽视的品牌优势，使其能在激烈的市场竞争中保持强劲的市场竞争力。

简单概括来说，老企业的品牌优势主要表现在以下几个方面。

◆ 品牌知名度高

老企业在市场中存在多年，其企业名称和品牌名称经历了较长时间的市场沉淀，在市场中往往具有较广泛的群众认知度，大众对品牌耳熟能详，品牌的知名度较高。

◆ 品牌内涵丰富

老企业的品牌内涵是丰富的，是经得起市场和消费者的考验的。

经过长久的发展，经历过多次政策调整或市场变革，老企业在发展过程中不断探索、不断总结经验和教训，已经具备了较为成熟的市场判断力和总结力，对市场发展具有较强的预见能力，也能较为准确地把握消费者的需求，并结合市场、消费者、企业自身，不断丰富企业文化、丰富品牌内涵。

丰富的企业文化和品牌内涵，能够进一步推动企业不断追求契合市场变化、消费需求变化的新局面，进而实现自我的发展探索。

◆ 品牌特点突出

在较高知名度和丰富品牌内涵的双重加持下，老企业往往能准确进行市场定位，能清楚地知道自己的目标消费人群喜欢什么、需要什么，因此品牌特点会向市场和消费者靠拢，生产出来的产品也会是市场所需要的产品。

◆ 消费者忠诚度高

基于以上几大品牌优势，消费者对老企业及其品牌、产品的认可度也会较高。尤其有相当一部分消费者是伴随着使用老企业的产品成长起来的，在这些消费者心里，品牌是成长岁月中不可缺少的一部分，他们对老企业及其品牌有较强的亲近感，会养成长期购买和使用老企业产品的习惯，对品牌有较高的忠诚度。

老企业在市场中的竞争力很大一部分取决于忠实消费者对企业及其品牌的支持，在企业的成长和发展过程中，会有一部分消费者流失，也会有一部分新的消费者成为企业及其品牌的支持者，但无论如何，老企业都会有相当数量的忠实的消费者追随。

6.1.3　老企业面临的品牌营销困境

在当前新消费时代，市场形势瞬息万变，老企业及其品牌的发展也在不断面临着新的压力和挑战，因此，老企业能否适应市场新变化，品牌营销能否突破原有思维定式和消费者圈层，都需要不断尝试。

总结来说，老企业在当前品牌营销竞争激烈的市场大环境下往往会面临着以下几个困境。

第一，品牌认知，面对新的市场和新的消费者，能否取得消费者的认可和信任是一个新挑战。

第二,渠道。老企业的销售、营销渠道会在发展过程中不断变化和调整,老企业能否利用好新兴媒体展开品牌营销,能否适应以及如何适应互联网时代的消费者需求,值得思考。

第三,品牌产品包装审美跟不上年轻一代的审美特点。

第四,品牌代言人需要更新换代,如何挑选新的代言人和吸引目标消费者人群也将影响老企业及其品牌的新发展。

6.1.4　与时俱进,老品牌应不断散发新活力

老企业成立时间早,在长期的发展过程中会积累很多问题。同时,市场在不断发生变化,老企业经营管理下的老品牌是否能一直适应市场的变化与发展,将直接关系到品牌与企业的生死存亡。

在发展过程中,企业不仅要始终坚持创造创新的意识,直面企业在当前品牌营销中的各种困境,找出企业在市场预测、决策脱离实际等方面的错误,也要审视其他老企业与老品牌在市场发展中遇到的难题和市场营销中所犯的错误。针对以上错误,大胆纠错,"有则改之,无则加勉",避免老企业、老品牌跟不上时代和市场发展的脚步。

任何老企业与老品牌,要想始终保持市场竞争优势,就必须不断结合当下和未来市场变化,调整企业发展思路、丰富品牌文化内涵,为企业和品牌不断注入新的活力。

只有与时俱进，老品牌才能在当下和未来的市场竞争中，既保持稳固的市场根基，同时又能不断闯出新天地。

品牌智慧

老品牌求新要向年轻人"靠拢"

老企业、老品牌在新消费时代要散发新活力，应该学会利用在互联网背景下成长起来的新一代消费者的消费习惯和特点，想办法向年轻人"靠拢"。

老企业、老品牌要向年轻人"靠拢"，可以尝试以下方法。

● 品牌重塑。拆解或丰富品牌文化，寻找品牌文化与新兴消费者消费喜好的共同点或相似点。

● 营销方式重塑。用当下消费者喜欢的方式（文字、图画、语言等）重新描述品牌文化和产品卖点。

● 营销渠道重塑。关注营销渠道，让品牌和产品在新兴消费者经常关注的新媒体或网络平台（微博、微信、短视频、直播等）上出现，不断提高新兴消费者对企业和品牌的关注度和认知度。

6.2

如何让品牌年轻化

对于很多老品牌而言，年轻化是其发展道路上至关重要的一步。只有走好这一步，这些老品牌才能持续地发展下去，否则就可能会被市场淘汰。

6.2.1 品牌的年轻化与老化

时代的迅速发展致使人们的观念也在不断发生变化，今年热门的品牌，明年就可能被其他品牌替代。因此，品牌必须要有危机感，不能原地踏步，要不断跟紧时代的步伐，保持年轻化。只有这样，品牌才能长期保持活力，不被替代。

与品牌的年轻化相对的是品牌的老化。品牌的老化是指品牌不能跟上时代的发展，其产品逐渐落后于时代，购买量逐年减少，以至于最终停产，而品牌自身也会淡出市场，逐渐被时代所淘汰。

某饮料品牌从创建至今，已有近40年的发展历史。其作为中国出现较早的运动饮料曾在中国饮料市场独领风骚，发展势头强劲。但由于该品牌不重视产品的创新发展，其竞争优势逐渐退去，开始出现发展的颓势。如今，该品牌在运动饮料中的优势地位已被取代，其在青年群体中的知名度也在不断减少，这是不利于品牌的后续发展的。

因此，要想有长久的发展，就一定要重视品牌的年轻化。只有这样才能不断吸引消费者的目光，增加品牌寿命，促进品牌的长远发展。

6.2.2　品牌年轻化的方式

老品牌的优势在于有良好的口碑和一定的国民度，还有一批固定的消费群体，但劣势在于缺乏营销，难以让更多年轻人了解品牌。

老品牌想要年轻化，就需要创新发展。要用新的方式、新的理念武装品牌，为品牌争取全新的发展机遇，以促进品牌质的蜕变，成为发展长远的优质品牌。

想要保持品牌的年轻化，可以从这两方面入手。

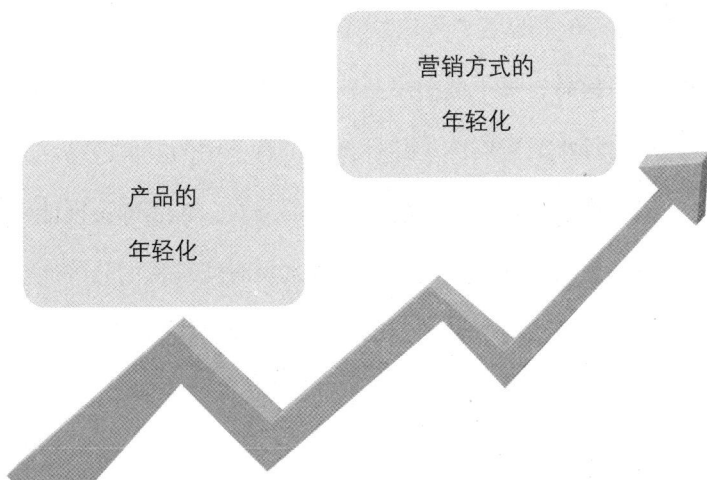

品牌年轻化的主要方式

◆ 产品年轻化

品牌的年轻化以产品的年轻化为依托。产品是贴近生活的，产品的变化能够迅速被消费者感知到。因此，品牌想要年轻化，就要考虑产品的年轻化。

产品年轻化的方式有很多，其中主要有打造新品和更换包装这两种方式。

打造新品是指在原有产品的基础上，推出新的系列产品，不断更新，让品牌在创新中发展。这一点在电子科技品牌中较为明显。如一些手机或电脑品牌，一年中会推出多个系列的产品，每年都会有新品发布。

创立于 1976 年的电子科技品牌苹果能够平稳发展至今,正是因为其不断推出新品,每年都能用新的产品吸引消费者,这样苹果就一直都有一定的青年消费群体,并且每年都有不错的发展成绩。

更换包装是较为直观的产品年轻化的方式。包装的更换能够让消费者有眼前一亮的感觉,特别对于一些发展时间较长的品牌而言,一直不更换包装容易让消费者产生审美疲劳。而更换包装则能够引起消费者的好奇心,促使消费者购买产品。

饮料品牌雪碧创立于 1961 年,自其创立以来,就是广受欢迎的饮料品牌之一,绿色的包装瓶子几乎成了雪碧的代表。

2022 年 8 月 1 日,出于环保的原因,雪碧宣布将绿色塑料包装改为透明包装,绿色瓶装雪碧的时代正式结束了。

这一事件引发了大量的关注,喜欢雪碧的消费者纷纷表示不舍,因为绿色瓶子不仅仅是一个包装,更是一种情结。

但这也说明了,品牌是需要向前发展的。雪碧更换包装的决定符合时代发展的需要,能够得到大众的理解与支持,也体现了雪碧绿色发展的理念。而且,雪碧通过更换包装这一行为,也获得了大量的关注,部分消费者在看到新包装的雪碧时,出于好奇,也会去进行购买,这也增加了雪碧的销量。

品牌的年轻化需要产品的年轻化来加持,当产品不断创新发展时,自然能够为品牌增添活力,推动品牌的年轻化发展。

◆ 营销方式年轻化

营销方式的年轻化是品牌年轻化最常用的方式之一。随着互联网技术的创新发展，营销方式在不断地变化着。品牌营销从以广告为主，逐渐发展为多种营销方式共同进行。

随着新媒体的发展，以微博、微信为主的文案营销，和以抖音、快手为主的短视频、直播营销已然成了品牌营销的重点。品牌想要年轻化，就必须重视这类营销方式，采用青年群体喜欢的方式进行营销，扩大消费者群体。

蛋糕品牌好利来创立于 1992 年，至今已有 30 年的发展历史了。作为一个发展多年的蛋糕品牌，好利来并没有满足于现状，而是不断推出新产品，并使用多种营销手段，利用抖音、微博等平台进行品牌推广，吸引年轻人的注意。

与受到青年群体喜欢的品牌或 IP 进行联名，是老品牌在短时间内获得较多关注的有效方式之一，也是老品牌年轻化的主要途径之一。

好利来曾多次与宝可梦、迪士尼、哈利波特等广受年轻人喜欢的 IP 联名推出特色主题产品。在活动期间，喜欢这些 IP 的群体会关注好利来，好利来就能够借此机会赢得大批消费者的好感，吸引更多的潜在消费群体，扩大品牌影响力。

用"高颜值"助力品牌年轻化

随着人们生活质量的提高，大家在挑选产品时，产品的设计、外观等也会影响人们的消费选择。特别是当代年轻人，其购买产品时会更看重"颜值"。因此，提升产品的颜值也是品牌年轻化可采用的方式之一。

S品牌是一个创立较早的厨具品牌，至今已有近300年的发展历史了。但S品牌并没有因为长久的积累而停止创新，而是跟着时代的步伐，不断更新其产品。

近几年，S品牌为了迎合市场需求，推出了色彩鲜艳的厨具。如石榴红的刀具、青柠色的菜板、粉色的迷你电饭煲等，这些"高颜值"厨具让人们在做饭的同时，能够感受到生活的美好，满足了人们对高质量生活的要求。

正因如此，S品牌的新品推出之后，迅速赢得了年轻人市场。毕竟，有颜值又有质量的产品总能够被更多人喜欢。

6.3

老品牌再度"火"出圈的
实战案例

老品牌拥有较为深厚的传统积淀，如果能够营销成功，大多可以重新成为热门品牌，受到年轻人的喜欢。

6.3.1 怡达

怡达创立于 1989 年，可以说是在中国很受欢迎的山楂食品品牌了。怡达以山楂为原材料，进行食品加工，推出了果丹皮、山楂球等产品。但随着其他零食品牌的蓬勃发展，怡达所占领的零食市场逐渐减少，在青年群体中的知名度也有所下降。

但怡达并没有因此而颓废，而是耐心研究市场，结合时代特征，研发新产品。

之后，怡达开始陆续推出全新包装的山楂产品，如糖果色的包装袋，它相比于之前的老式包装袋更受年轻人的欢迎。怡达趁势而上，又推出了国潮山楂桶、山楂礼盒、山楂糖葫芦等产品，给了消费者更多的产品选择空间。

怡达也开始利用多个平台进行直播活动，给予消费者优惠，以此吸引更多的人关注怡达。

在发展的过程中，怡达逐渐将宣传的重点转移到了其非遗工艺上。2020 年，果丹皮（果子丹）被列入了承德市第七批市级非物质文化遗产代表性项目名录。怡达以此为营销切入点，以传承非遗工艺为主题，进行品牌营销。

怡达还与中国传统手工艺剪纸联动，推出了以十二生肖为主题的剪纸样式的果丹皮。产品上市后大受欢迎。怡达的这一营销策略，既迎合了国潮风尚，也体现了品牌传承非遗工艺的特点，可谓是创意十足。

老品牌怡达依靠自身的特点，结合时代风尚进行营销，既宣传了自己的产品，也没有破坏原有的口碑，可以说是老品牌走向年轻化的榜样了。

6.3.2　波司登

羽绒服品牌波司登创始于 1976 年，是中国发展时间较长的羽绒服品牌之一。

创新始终是波司登的发展主线。40 多年来，波司登在羽绒服制造的各个方面不断创新，其面料、羽绒等都在不断地更新，这也是波司登能够长远发展的主要原因。

让波司登火出圈的恰恰是其推出的新品。2021 年，波司登推出了风衣羽绒服。原本厚重的羽绒服变成了时尚修身的风衣，既能保暖，又不失时尚感，让冬日穿搭也能够彰显魅力。

波司登的这一创新设计立刻迎来了年轻人的广泛关注，在青年消费者中广受好评，也让很多年轻人重新认识了这个一直默默发展的羽绒服品牌。

但波司登并没有止步于此，随后又推出了极寒系列羽绒服、轻薄系列羽绒服等产品，既满足了不同领域人群的需求，又彰显了品牌的专业度，获得了消费者的认可。

6.3.3　李宁

李宁创立于 1990 年，是以运动休闲服饰为主要经营方向的运动品牌。

李宁的出圈源于其国潮创新。随着时代的发展，人们不再满足于穿着简单的运动服饰，而是希望运动服饰也能与时尚元素相结合，有新的设计。

李宁在了解市场变化之后，开辟出了潮流路线，开始了服装的创新之路。让李宁在年轻人中逐渐受欢迎的契机是其国风元素的运用，李宁将中国传统文化元素与运动服饰相结合，推出了运动风的国潮穿搭，这使得李宁的服饰在年轻人中开始流行，李宁也借此机会成功出圈。

之后，李宁推出了"中国李宁"这一以潮流运动产品为主的支线品牌。这一品牌以时尚创新为主要发展方向，紧跟市场需求，推出多个系列的潮流产品，使得整个品牌开始彰显出时尚轻奢风，在年轻人中广受欢迎。

2021 年，李宁创立了高级运动时尚品牌 LI-NING 1990（李宁1990），这一品牌的创立是李宁的又一次创新发展。

LI-NING 1990 不是传统意义上的运动服饰，而是打破边界，将运动风与休闲风、商务风等多种风格相融合，创造出独属于 LI-NING 1990 的风格。

正是这一大胆的创新发展，让李宁大火出圈。LI-NING 1990 的服饰独具特色，既有复古风，也有休闲轻奢风，满足了年轻人的时尚追求，符合年轻人追求独特的穿搭标准。

李宁能够火出圈是因为其对市场的锐利判断。李宁能够抓住机遇，大胆创新，开拓全新发展路线，在不断的摸索中逐渐形成其独特的品牌风格，这正是其品牌年轻化的关键。

老品牌想要"火"出圈正需要不断地摸索与创新，只有不断探索，不断寻求新的发展，才能为品牌注入活力，让品牌重新焕发生机。

第 7 章

紧抓痛点，
写出高质量的营销文案

营销文案是以文字为切入点，以品牌为中心，以商业知识为支撑，以市场为导向的文案创作。高质量的营销文案能够强化品牌优势，让消费者清晰地接收到文案所传达的产品信息，吸引消费者的注意力。

品牌的营销文案承载着品牌独特的价值，而想要写出高质量的营销文案，就需要掌握一定的写作技巧。同时，在掌握多种技巧的基础上，还要有不断的练习与尝试。只有这样，才可能使营销文案既有文字的温度，也有品牌的深度；既有营销的作用，也能受到大众的喜欢，发挥其真正的作用。

7.1

文案虽小，作用极大

营销文案是品牌宣传的主要方式之一，消费者能够通过营销文案认识品牌，获取相关信息，对品牌有一个基础印象。优质的营销文案还能够吸引消费者购买产品，助力品牌推广。

7.1.1　高质量文案是品牌名片

营销文案是品牌在分析了自身发展趋势之后，根据营销的主要方向，结合品牌的特点而撰写的文案。因此，品牌是营销文案的创作核心。

营销文案中体现着品牌的价值理念、发展观念等，是品牌文化传播的载体。消费者能够从营销文案中获取品牌信息，如品牌的品类、定位、主要产品等。"我们不生产水，我们只是大自然的搬运工。"这是农夫山泉的文案。农夫山泉仅用了一句话就介绍了自己的品类和特点，"大自然的搬运工"与其山泉水的标签完美契合。由此可见，品牌的营销文案是品牌信息传播的载体，消费者可以通过营销文案进一步了解品牌。

文案的风格代表了品牌的风格。美妆品牌多以水润、细腻等与护肤有关的词汇为切入点撰写营销文案，其文案风格大多是唯美温柔的；酒类品牌则是用解忧、佳酿、微醺等词汇点缀文案，突出酒的特点，其文案风格充满了生活气息。

文字是有温度的，营销文案能够通过文字表达让消费者感知到品牌的温度，品牌的价值观念和文化内涵也可以通过营销文案来传达给消费者。所以说，营销文案就是品牌的一张名片。

7.1.2　高质量文案能够直击卖点

营销文案作为商业文案的一种，承载着品牌营销的重任。营销文案的主要作用是宣传品牌，加深消费者对品牌的了解。

营销文案能够体现品牌的优势，突出品牌的特点，吸引消费者购买产品。

2022 年 9 月，床上用品品牌梦洁推出了全新产品——梦洁太空被。这一产品的营销文案是这样的：太空舱式核"芯"结构，360°聚暖锁温；镭射面料炫彩颜值，热反射科技蓄热；防滑条设计固定被芯，予你无忧睡眠。

这一营销文案简短有力，句句命中卖点。第一句是太空被的面料结构，强调其保暖。第二句强调面料的颜值高，蓄热能力强。第三句强调太空被被芯的防滑设计，消费者在使用时不用担心被芯下滑，可安心入睡。

梦洁太空被作为在秋冬季节销售的产品，其营销文案重点强调了被子的保暖功能之强，同时文案也说明了太空被的巧妙防滑设计和炫彩外观设计，这些都是梦洁太空被的优势，也是其能够吸引消费者进行购买的主要原因。梦洁在营销文案中将这些内容条理清晰地写明，方便消费者通过文案了解产品。

由此可见，想要写出优质文案，就一定要在文案中明确介绍品牌或产品的主要优势、特点，因为这些优势和特点正是产品的卖点。消费者通过营销文案了解到产品的优势，才可能产生购买欲望，进而购买产品。优秀的营销文案能够扩大产品的优势，吸引消费者购买产品，帮助品牌实现销售转化。

7.1.3 高质量文案能够打动人心

优质的文案能够打动人心。营销文案是品牌价值传输的载体，能够将品牌的发展观念、价值观念、品牌态度等通过文字的方式传播给消费者，让消费者感受到品牌的魅力。

高质量的文案是理性与感性的结合。高质量的文案既能够凸显出品牌的优势，又能够体现出品牌的温度，让消费者从情感上信任品牌，愿意购买产品。

2022 年 6 月，家用电器品牌九阳发布了这样一则文案：2021 年 4 月 29 日，历经 8 年，数千小时的实验，九阳研制的太空厨房入驻了中国空间站，让浩瀚星海的方舟里有了烟火味。

这一则文案中并没有具体的产品营销，却将九阳的众多产品都包含其中。在这一则文案中，九阳强调了产品研发耗时之久、研发难度之高，从侧面写出了九阳研发人员不畏艰苦、刻苦研发的精神。而九阳能够入驻中国空间站，则说明了九阳致力于创新科技，用高质量的产品赢得中国空间站的肯定。

当消费者看到这则文案时，往往会对九阳产生好感。消费者会认为，九阳能够被中国空间站认可，其产品质量一定很好，这就增加了消费者购买产品的可能。

消费者在购买产品时，会首先考虑其认可的品牌。高质量的营销文案能够通过文字内容强调品牌的优势，在潜移默化中让消费者对品牌产生好感，认为品牌优于其他同类品牌。这样，消费者购买产品的概率就会提高。

优质的营销文案还能够引发大众的讨论，让品牌被更多人所熟知。认同文案观点的大众则会对品牌产生好感，这有助于品牌良好形象的树立。

营销文案的作用

品牌智慧

利用认同感打造高质量文案

　　高质量的营销文案可以将特定的情感传递给消费者，进而实现打动人心的目的，让消费者对品牌产生认同感。

　　品牌可以将一些具有感情色彩的描述加入文案之中，让消费者产生共鸣。如纸巾品牌心相印的文案"爱是一方纸巾的时刻守护"，日用消毒品类品牌滴露的文案"滴露，保护我们所爱"。这些品牌通过"守护""保护"等具有情感色彩的词汇将品牌的情感价值表达了出来，让消费者感受到了来自品牌的温暖。

除此之外，营销文案也可以通过举例或列举数据的方法来体现品牌自身的权威性、科学性，让消费者更加信任品牌，放心购买产品，这也是利用消费者认同感撰写文案的方式之一。

智能家电品牌石头科技在推广其产品石头 T8 Plus 时就使用了这一方法，其营销文案为"5100Pa 飓风扫，3000 次/分钟震动擦，60 天自集尘"。石头科技通过这样的文案让消费者感受到产品的科技感和实用性，对品牌产生认同感。

获得消费者的好感是营销文案的作用之一，想要写出高质量的营销文案，就要学会利用这一点。

7.2

创作优质的文案有诀窍

营销文案的作用是帮助品牌完成销售任务。因此，优质的营销文案需要读懂品牌、理解市场、不断创新。

7.2.1　读懂品牌

营销文案的作用是宣传，提高品牌的知名度、影响力，实现销售转化。因此，对于营销文案而言，最重要的就是读懂品牌，传达品牌诉求，展现品牌魅力。

营销文案要体现对品牌极高的理解力，用文字诠释品牌的理念。气泡水品牌 bubly 微笑趣泡的营销文案紧扣微笑这一主题，通过文案强调品牌理念。

bubly 微笑趣泡创立于 2018 年，2021 年初进入中国市场，其营销文案大多带有"微笑"二字，以切合其微笑趣泡的品牌理念。如

"喝一口 bubly 微笑趣泡，坚信努力的意义，微笑总会眷顾""喝一口 bubly 微笑趣泡，微笑享受当下"等，这样的文案能够在较短的时间内让消费者熟悉品牌、了解品牌，对品牌名字有印象，以至记住品牌。

营销文案的最终目的是满足品牌的需要，帮助品牌吸引消费者的注意，完成销售任务。特别对于新兴品牌而言，营销文案还肩负着开拓市场、推广产品、让消费者熟悉品牌的任务。

对于营销文案而言，区分文案是否优秀的重要标准不是字句的华美或内容的多少，而是对品牌的理解度、对品牌理念的诠释。如果消费者能够通过文案了解品牌、喜欢品牌，那么这样的文案就是优质文案。

7.2.2　面向市场

市场总是多变的，特别是近几年，随着新媒体的发展，营销方式不断增多，越来越多的有创意的营销方式开始出现，为品牌的发展提供了助力，帮助品牌在短时间内吸引众人的目光，获取无数关注度。

在这种情况下，营销文案的选择要更加谨慎。优质的营销文案要能够与市场的走向相符，迎合消费者的喜好，助力品牌成为大众喜爱的品牌。

　　在撰写营销文案之前，要进行市场调研，了解市场发展的趋势和大体方向，以此为基础写出来的营销文案才能符合大众的期待，成为消费者喜爱的文案。

　　同时，品牌也要了解同类型产品的主要营销方式，以及热门文案的撰写方式。这样，能够为品牌提供基本的写作方向，找到切入点，让文案符合消费者的需求。

　　市场是不断变化的，营销文案也应当是多变的，在不同的时期推出不同的营销文案，让文案迎合当下潮流的发展。

　　茶颜悦色的营销方向主要为青年群体，其营销文案也更加符合青年人的喜好。

　　"立冬这天，人间的双十一热火朝天，铜钱化身的上清童子天生能聚财钱，逛集市时，上清童子把钱袋扔给茶小颜，大方地说'今天我请'。"

　　这是茶颜悦色在2022年"双十一"期间发布的营销文案。这一则文案将中国传统文化与现代促销活动相结合，配上古色古香的图案，既符合茶颜悦色"新中式鲜茶"的品牌定位，又符合当下流行的国潮风尚。在满足了市场需求的同时，能够吸引年轻人的目光，拉动消费。

　　优质的营销文案要面向市场，符合产品策划的方向。可以说，营销文案就是品牌营销策划的浓缩，是打开市场的关键。

7.2.3　文案创新

营销方式多样化发展，营销文案的创作模式也愈发多样化。在如今这个快节奏发展的时代，人们的阅读速度也有所提升，碎片化阅读已成为很多人的阅读选择。

在这种情况下，想要创造出优质文案，就一定要有创新思维，用创新文案吸引消费者的目光。

在撰写营销文案时，要了解当下的热门话题、文化热点，甚至是热门语句，这样在写文案时就能够将这些热点应用到文案当中，让文案符合当下的潮流趋势，与其他同类型品牌的文案区别开来，迅速吸引消费者的注意，引起大众讨论。

想他人想不到的，写他人写不出的，将自己独特的想法融入文案之中，是营销文案创新的关键。

但在创新的过程中要注意，文案内容要符合品牌的发展理念，凸显营销重点，让消费者在眼前一亮的同时也能够接收到来自品牌的消息。

创新文案是文案撰写中较难的一部分，撰写者要量力而行。首先，要考虑营销文案的基本功能，即品牌营销；其次，在此基础上，走出营销文案的一贯"套路"，将自己的思考融入其中，从而创造出独具风格的优质营销文案。

营销文案要符合市场发展趋势

F品牌在世界环境日这天推出了一款名为地球淡香氛（Polo Earth）的香氛产品。

F品牌在文案中强调了产品的节约与环保，文案中指出，地球淡香氛的瓶身由可回收玻璃打造，其瓶口是可续充式螺旋瓶口设计，瓶子可循环使用。

F品牌的营销文案，既符合当下节约自然、保护环境的大趋势，又点出了产品清新自然的特点，与其"地球淡香氛"的名字相契合。

如今，绿色发展已成为全球的发展趋势，也是很多产品发展的主要方向。F品牌的营销文案满足了市场需求，符合当下绿色节约的消费观念，可以说是优质文案了。

7.3

常见文案的写作技巧

营销文案的撰写看似简单，但想要出圈，被更多人看到，则需要一定的写作技巧。

7.3.1　句式要简洁

如今，大多数人都处于快节奏的生活模式中，人们忙着学习和工作，无暇浏览篇幅较长的文案。所以，想要写出优秀的文案，第一要义就是要简单明了。

文案的篇幅不能过长，句式要以短句为主，这样可以方便大众阅读，使大家能够在短时间内了解文案内容，获取有效信息。

很多品牌的经典文案往往只有几句话，而这几句话却可以传播很长时间，以至于成为一代人的回忆。

"我是你的什么？""你是我的优乐美！"奶茶品牌优乐美仅用了

两句对话就让人们记住了这个品牌；"一面科技，一面艺术"电子科技品牌小米用一句话诠释品牌理念；"男人的衣柜，海澜之家"服装品牌海澜之家用一句话说明了品牌的经营方向。

由此可见，写出好文案并没有那么复杂，能够被大众熟知的营销文案往往简单易懂。所以，写好的文案的第一步就是化繁为简，将复杂的文案简单化。

7.3.2　重点要清晰

营销文案会受到篇幅和字数的限制，必须在一定的字数范围内将所要传达的信息表达清楚，这就要求营销文案抓住重点，在简洁的篇幅中将中心思想表达出来。

在撰写文案之前，首先要了解品牌和产品，对所写内容有大体的认识。之后可以根据营销的重点拟写出文案的结构框架，将重点内容填充进去，避免偏离中心。在撰写文案的过程中，要时刻记得中心内容，围绕中心来进行写作，可以防止偏题。

文案撰写结束之后，可以将文案交给他人品读，如果多数人都能够从文案中获取重点信息，那么这则文案就是成功的；如果大部分人都出现了理解偏差，则要重新撰写。

通常情况下，营销文案的重点内容就是某一时间段内营销活动的重点，只要能够抓住营销的重点，就能够保证营销文案的准确性。

自热饭品牌统一开小灶在 2022 年 5 月 20 日发布的营销文案引起了广大网友的关注。其文案内容紧扣 520 这一主题，使用一些写作技巧，将爱意的表达与品牌紧密结合，写出了优秀的营销文案。

"入得了胃，才走得进心。""为你做的每道菜，半勺食材半勺爱。"质朴的语言，明确的思想表达，统一开小灶只用了几句话就让消费者感受到了文案的重点。

统一开小灶的营销文案将"好好吃饭"这一品牌理念与 520 的爱意表达结合在一起，既符合品牌的调性，又符合 520 的特殊意义，让消费者在看到文案时就感受到了来自品牌的满满爱意。这样的营销文案不仅能够让消费者喜欢，还能够起到宣传品牌的作用。

因此，在撰写文案时，一定要抓住重点，与营销策划相配合，将品牌营销推向市场，赢得大众好感，促使消费者购买产品。

7.3.3　思想要深刻

文案的内容要简洁，但思想要深刻，这是打造文案的普遍方式。

文案要体现品牌的文化内涵、发展理念。"从 1 秒到 1/100 秒的旅程，计时大师真力时，走了 100 多年。"这是钟表品牌真力时的文案。通过这个文案，大众可以感知到真力时系列钟表制作的精细程度之高，以及真力时在钟表制作中的卓越追求。

虽然篇幅有限，但优质的营销文案要在简短的篇幅中加入深刻的思想，这样才能体现营销文案的高度，让消费者感知到这类营销文案也不仅仅是为了营销产品，还颇有深意。这样一来，消费者的购买欲望会更加强烈。

具有思辨性质的营销文案更能引人共鸣，激发公众讨论。品牌在撰写营销文案时，可以更加大胆一点，加入一些能够引人深思或是引起部分群体共鸣的内容，这样能够使文案在这一群体中受到广泛的关注，甚至引发讨论，让品牌出圈。

当然，在撰写这类文案时，要注意措辞，把握好切入的角度，不可过于偏激，否则反而不利于品牌的发展。

"信仰，是温暖且勇敢的力量，指引着我们坚毅前行。眼中有光，心中有爱；追寻美好，步履坚定。进取是心中最坚固的信仰，因为这份信仰，我们携手奔赴美好。"这是汽车品牌上汽奥迪的营销文案。如果不提营销，单看文案，很少有人会将其看作是品牌的营销文案。但这恰恰是这一品牌的高明之初，这样的写作方式，更能凸显文案的深度。

在这一文案中，前行、追寻、进取等字眼都可以与汽车相对，有开车前行，去追寻美好风景的意思。同时，这些字眼也可以表示追寻人生的美好，有进取人生之意。

一语双关的文案更能彰显文案的深度。在撰写这类文案时，试着将一些词语与现实、人生相结合，既能让文案符合品牌的营销需求，又能让文案引人深思，表现出品牌的追求。

7.3.4　不断练习，熟能生巧

营销文案作为文案的一种，可以通过不断练习的方式，让文案的撰写更显纯熟。

有道是熟能生巧，我们在日常生活中要多浏览不同的文案，总结经验，总结不同文案的写作方式，形成模板，这样，就能够形成一定的文案写作习惯，在撰写文案时就会更加得心应手。

平时要加强练习，尝试写不同种类的营销文案，找到这些文案的写作重点，之后就可以根据不同的模板自己拟写文案。在不断的练习中，营销文案写作水平也会有所提升。

但是要切忌，不能生搬硬套。在借鉴他人经验时，不能将其文案模板直接套用到自己的文案中，否则会使整个文案显得生硬老套。要去寻找优质文案的成功之道，借鉴其成功的方法进行创新，创造出属于自己的文案。

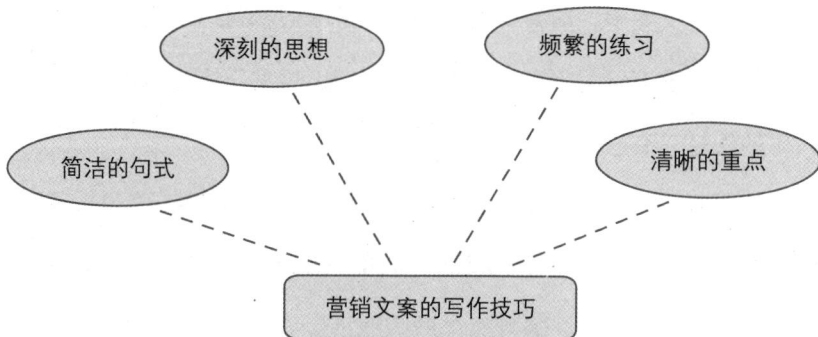

深刻的思想　　　频繁的练习

简洁的句式　　　　　清晰的重点

营销文案的写作技巧

营销文案的写作技巧

第 8 章

找到队友，
组建优秀的营销团队

成功的品牌营销是优秀的营销团队成员共同努力的结果。寻找价值观、营销观相同的队友，组建优秀的营销团队，是品牌营销成功的重要前提和基础。

8.1

什么样的团队是好团队

团队（Team）是一个由多人构成的共同体，每一个人都是团队成员，团队成员之间彼此有分工、有合作，为了共同的团队目标展开一系列工作和行动。

8.1.1 团队的构建

◆ 团队构成要素

构建团队并非易事，绝不是几个人凑到一起工作就能自然形成一个团队。一个完整的团队应具备以下基本要素。

人——人是构成团队的最基本和最重要的要素。团队的其他要素的形成都必须建立在这一要素基础之上。

目标——团队应有计划和行动目标，可以是总目标或细分目标，可以是短期目标或长期目标。目标还可以结合团队行动做出适当调整，但一定不要丢掉目标，缺少目标的团队没有存在的价值。

定位——团队成员应明确自己在团队中的定位（所扮演的角色、承担的任务），还应明确团队在企业中的定位（地位和作用）。

权限——这里的权限包括两层含义，第一层含义是指团队在企业中的决定权和影响力大小；第二层含义是指团队内部最高领导者所具有的决定权和影响力大小。

计划——团队成员应清楚地知道为实现团队目标而制订的计划，根据计划展开行动，有序实现团队目标。

◆ 团队类型

根据不同的分类标准，团队可以分为不同的类型。从企业团队的角度来看，团队一般有以下几种类型划分。

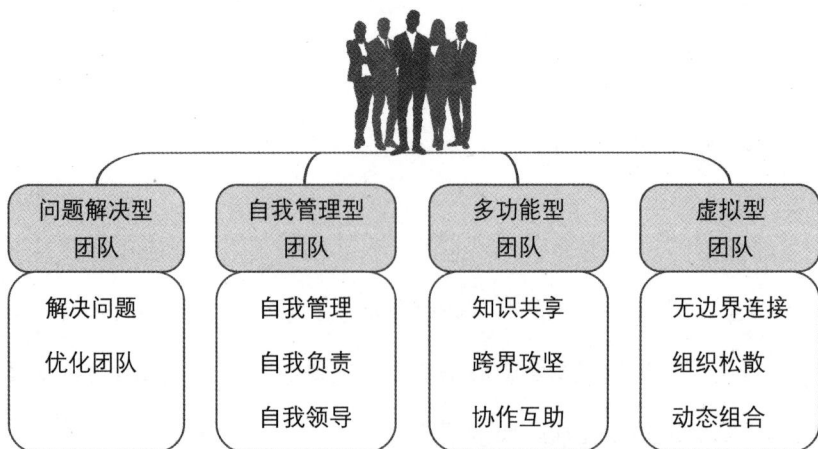

问题解决型团队	自我管理型团队	多功能型团队	虚拟型团队
解决问题 优化团队	自我管理 自我负责 自我领导	知识共享 跨界攻坚 协作互助	无边界连接 组织松散 动态组合

根据目的和自主权大小划分的企业团队类型及其特点

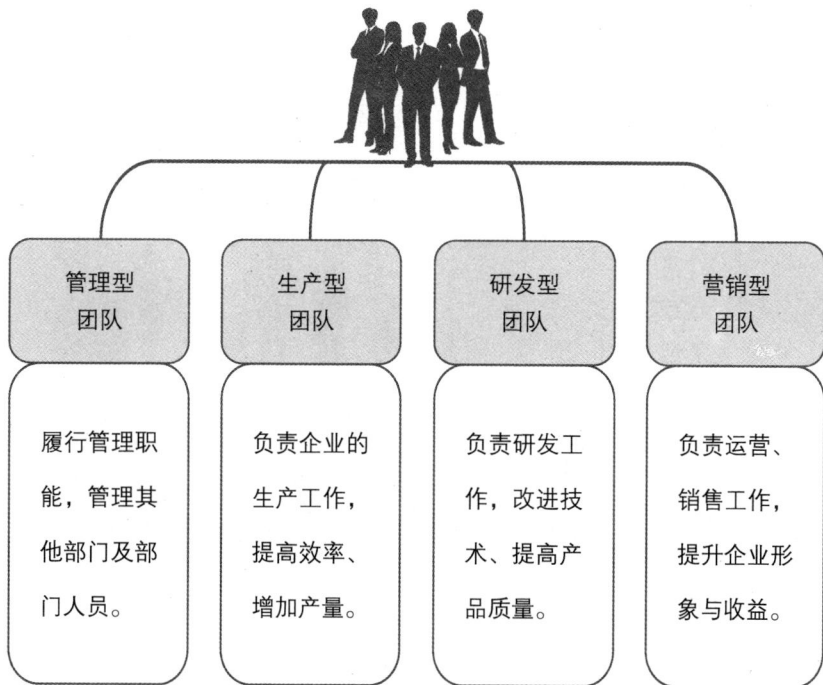

根据工作性质划分的企业团队类型及其职责

8.1.2　好团队的必备特质

一个好的团队不仅能实现团队的进步，还能促使团队中的每一个成员都进步。好的团队是可以持续发展的团队。

好团队的标准有很多，不同的人对好团队的判定标准不同。一般来说，一个好的团队应该必须具备以下特质。

好团队的必备特质

◆ 思想一致

俗话说："道不同不相为谋。"一个好的团队，团队内部各成员的价值观、兴趣爱好、思想观念一定是一致的，这是团队成员能聚集在一起共事、成就一番作为的基础。

◆ 目标明确

明确的目标能给团队指引方向，有助于激励团队各成员为了个人目标和团队总目标的实现而付出努力，让团队个人和整个团队的价值得到充分的体现。

目标是营销的灯塔

没有营销目标，就没有营销方向，营销方向不准确，自然也就难以在竞争中取胜。明确的目标犹如顶塔，指引团队在商海乘风破浪，一路前行。

餐饮品牌 M 品牌在不同的国家均占有市场份额，而且市场影响力强大，这样的成功与其品牌和团队"入乡随俗"的明确目标密不可分。M 品牌将主要目标消费者定位为儿童，特别针对儿童推出各种促销活动，如推出特色儿童套餐、承办儿童生日会、提供儿童游乐区域等，吸引作为目标消费者的儿童前来消费。

M 品牌在全球各地的团队也都始终重视为儿童消费者营造良好的用餐环境，并开展各种特色主题活动，因地制宜地围绕儿童开展营销。

M 品牌正是通过这种以吸引儿童消费来吸引全家消费的营销理念和营销方式大获成功。

◆ 领导有方

在一个好的团队中，无论是长期领导还是轮流承担领导角色的团队成员，如果能很好地明确团队目标、做好团队分工、处理团队成员之间的关系，那么就能带领整个团队向着正确的方向不断前进。

领导角色做得好还能进一步提升团队的凝聚力和综合竞争力，使团队在自我成长的同时，促进各成员与团队一起共同进步。

◆ 沟通顺畅

好团队成就人才，坏团队埋没人才。一个沟通顺畅的团队能实现团队信息的上通下达、纵横交流，使整个团队能快速交流、分享信息，及时发现问题、解决问题，并通过合理的分工，使团队克服行进障碍，并最终实现团队目标。

◆ 凝聚团结

好的团队能实现"1+1 > 2"的效果。简单来说，就是好的团队能凝聚每一个团队成员的力量，并实现团队力量远远大于团队各成员的力量总和，实现团队力量从量变到质变的飞跃。

在现代社会中，竞争不再局限于人才与人才的竞争，而是人才团队与人才团队之间的竞争。最大限度地发挥团队竞争力，是好团队的基本特质与诉求。

◆ 行动力强

好团队不能止步于夸夸其谈的理论，而要落实于实际行动，以实际行动展示团队努力成果。只有相互认可、行动默契、行动一致，才能"稳、准、狠"地发挥团队实力、实现团队目标。

8.2

怎样组建优秀的营销团队

组建优秀的营销团队，能推动企业和品牌的营销工作的顺利、有序、高效开展。

8.2.1　寻找团队成员

优秀的营销团队离不开优秀的营销团队成员。在营销团队的组建过程中，找人，即寻找团队成员是关键，没有人，就没有团队。

那么，一个成熟的营销团队应该寻找和吸纳哪些人作为团队成员呢？不同的团队成员应该在营销团队中扮演什么样的角色和承担什么样的职责呢？

根据营销团队的营销活动具体开展领域，营销团队有线下营销团队成员、网络营销团队成员之分，应根据不同营销团队成员及其职责寻找适合的团队成员。

◆ 网络营销团队成员及其职责

互联网时代，网络是品牌营销开展的重要阵地，营销团队要充分利用好这个阵地。

在具体的营销工作开展过程中，团队应在明确营销方向和目标的基础上，充分结合不同网络平台的营销特点、营销规则与玩法，结合品牌定位和消费者人群，选择适合开展品牌营销活动的平台和营销活动形式，认真履行自己的岗位职责。同时，成员之间要相互配合，从而有序推动营销活动开展，积极抢占网络市场。

网络营销团队	网络营销团队管理人员	负责整个团队的管理、指导、督促、协调、考核工作
	网络营销策划人员	结合营销目的策划网络营销主题、活动，提出可操作方案
	网络营销内容创作人员	撰写产品文案、品牌文案、创意文案；撰写和编辑网络内容等
	网络营销推广人员	发布、推广文案，开展媒介公关、广告投放等工作，引流吸粉
	网络技术/服务人员	负责程序开发、服务器维护、消费者答疑等工作

网络营销团队成员及其职责

◆ 线下营销团队成员及其职责

线下营销团队主要负责开展品牌线下营销活动、品牌实体门店营销活动。线下营销团队成员及其职责与网络营销团队成员及其职责基本相同。

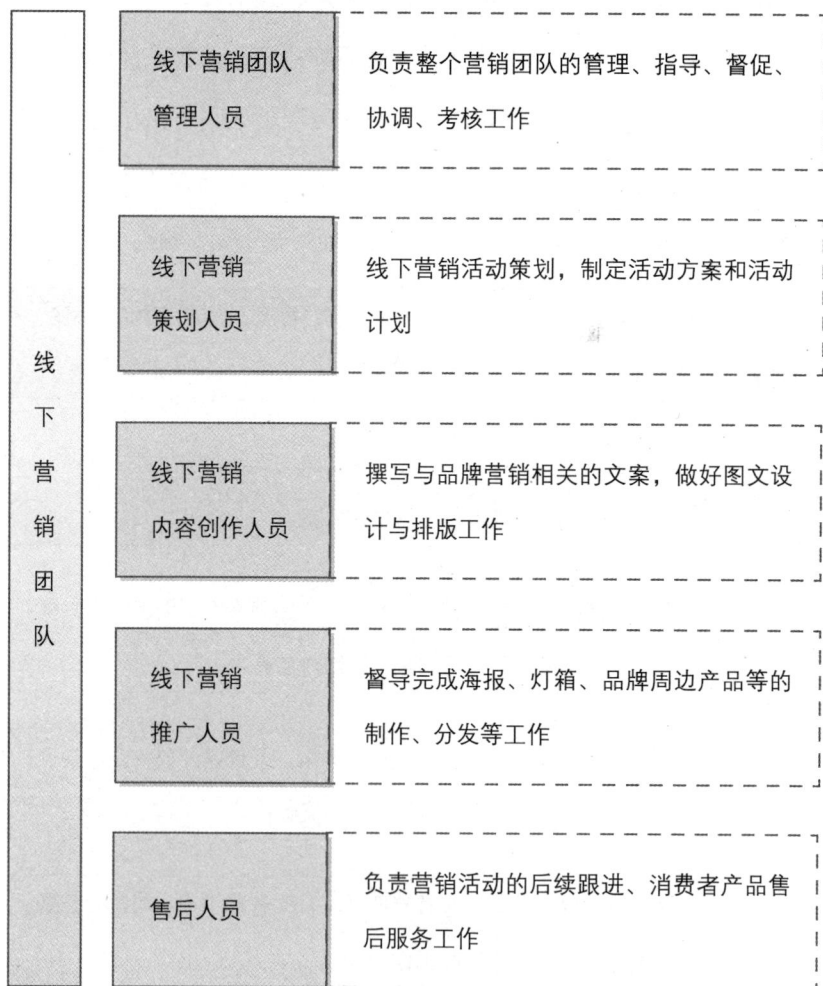

线下营销团队		
线下营销团队管理人员	负责整个营销团队的管理、指导、督促、协调、考核工作
线下营销策划人员	线下营销活动策划，制定活动方案和活动计划
线下营销内容创作人员	撰写与品牌营销相关的文案，做好图文设计与排版工作
线下营销推广人员	督导完成海报、灯箱、品牌周边产品等的制作、分发等工作
售后人员	负责营销活动的后续跟进、消费者产品售后服务工作

线下营销团队成员及其职责

需要特别指出的是，与线上营销团队相比，线下营销团队不需要网络技术人员和网络服务人员（客服），但需要有专门负责售后的人员。售后是营销的重要组成部分，关系到消费者在营销活动中、品牌产品购买后的消费体验，因此售后人员必不可少。

8.2.2　组织营销团队

营销活动往往是充满各种不确定性因素的活动。在活动过程中，随着市场反馈情况，营销活动可能随时会进行调整，因此营销团队的组织形式往往也具有灵活性。以下两种最为常见。

◆ 固定管理者的营销团队

在有固定管理者的营销团队中，管理者全权负责团队营销活动。团队管理者是团队的核心负责人，具有绝对的话语权和影响力，其他团队成员或小组在团队管理者的指导和指挥下有序分工，共同推进营销工作的开展。团队管理者与团队成员或小组是上下级的关系。

◆ 非固定管理者的营销团队

在没有固定管理者的团队中，结合营销活动进程，团队不同成员或小组轮流推动团队工作开展，其他成员或小组全力配合。团队营销活动由全体成员共同负责。

团队不同人员或小组分别负责不同的营销工作，彼此协作配合，灵活跟进，协商推动营销工作的开展。团队成员或小组之间是平行关系。

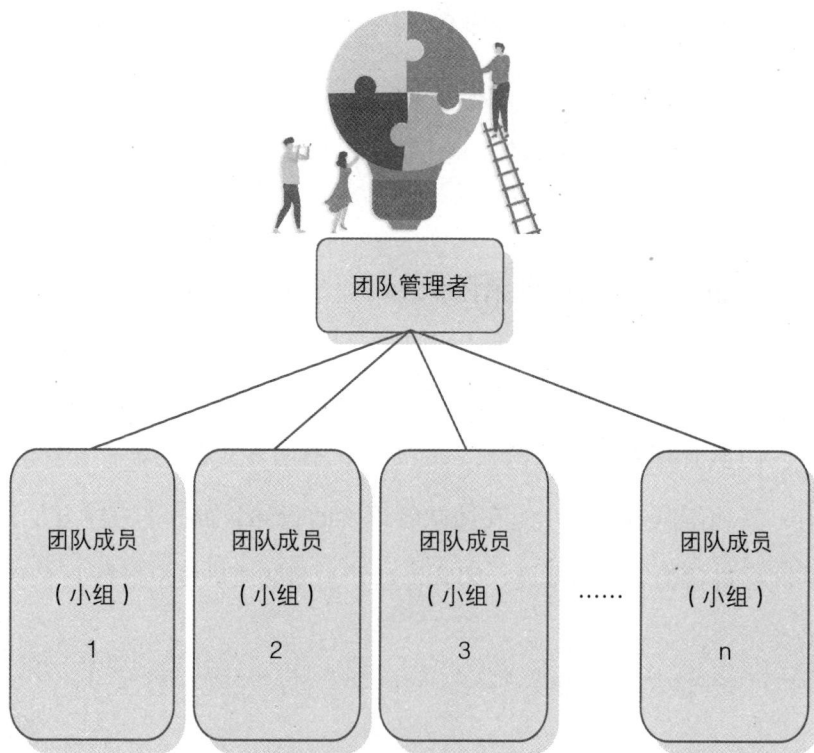

固定管理者的营销团队组织形式

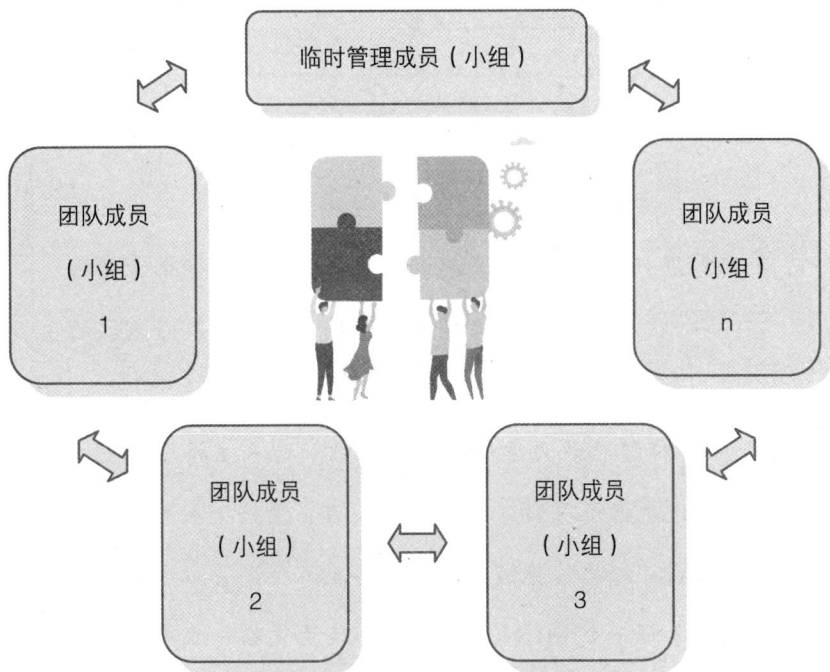

非固定管理者的营销团队组织形式

品牌智慧

互联网营销中的MCN团队

MCN（Multi-Channel Network），指多频道网络，简
单来说就是在互联网多个平台、多个领域的营销运转模

式，它是大众眼中的一种网红经济运作模式。

在当前互联网时代，互联网营销独领风骚，其中直播营销更是十分火爆。在直播营销火爆的背后，网络营销团队，即 MCN 机构，在品牌网络营销活动中发挥着重要的作用。

MCN 机构致力于培养网红主播、达人主播、明星主播，打造主播个人 IP。但对大众而言，主播个人的营销力大于 MCN 机构的营销力，大众甚至不会去关心主播个人究竟属于哪一个 MCN 机构，头部实力主播一旦单飞，会给 MCN 机构带来重创。

在诸多 MCN 机构中，东方甄选较为特殊。东方甄选在网络营销中更注重团队和品牌营销，并不过于依赖主播，即使有些名师主播火出圈，但对于大众来说，这些名师主播背后依靠的仍是东方甄选这个品牌。东方甄选的品牌营销影响力是持久的，并不会因为个别主播的单飞而遭受重创。

从互联网营销的长远发展来看，相较于个人营销影响力，团队营销影响力更持久。这充分说明，以团队为营销主体，将人气沉淀在团队和品牌上而非主播个人身上，营销才能走得更远。

8.2.3　激励与优化营销团队

◆ 营销团队激励

不同的人有不同的工作方式和工作习惯，适用的激励方法也不
同。以下介绍几种激励方法，可以使用一个激励方法也可以多种激励
方法并用。

方法一：个人评优

评选优秀员工可以对营销团队中的个人起到激励作用。很多企业
或团队会设置优秀员工光荣榜、优秀员工荣誉墙等，并将其纳入企业
文化建设的重要组成部分。

通常来说，评优以精神激励为主，辅以物质激励，以此激发团队
成员的工作积极性，促使团队成员不断提高工作效率、创造创新，策
划和完成更具热度、更有创意、更广泛吸粉的营销活动。

方法二：小组评比或竞赛

通过团队竞争和竞赛，能激发团队内部小团队、小组成员的工作
动力，能通过外部因素调动团队成员的工作积极性和主动性。

在企业或品牌重要的发展阶段，或重要的时间节点（如新品上
市、"6·18""双十一"、节假日等），可以通过团队比拼冲业绩的方式
来鼓励团队成员积极开展营销活动。

营销业绩比拼，是营销团队非常实用的激励方法。

方法三：福利奖励

根据既定的营销目标，实施相应的福利奖励，将营销目标实现等级与福利等级相结合，激发团队成员的斗志，使每一个团队成员都能充满干劲，积极摸索促销方案，积极落实营销计划，争取成功营销。

福利奖励的形式是多种多样的，如团队聚餐、休假、看演唱会、出游、加薪、股权发放等，可以视团队情况和成员需求灵活选择。

方法四：竞岗或晋升

优秀的营销团队不仅追求团队营销成果，也注重团队成员个人的职业发展。

营销团队管理者或负责人在激励团队成员时，可以关注每一个团队成员的个人职业发展情况，通过为团队成员提供更高的岗位和晋升机会来激励团队成员是非常务实的，这样的激励效果会非常显著。

方法五：其他机会奖励

能满足团队成员需求的激励方法往往是最有效的激励方法，如可以通过给予团队成员进修、参加国际展会、引荐等机会激发团队成员的工作热情。当给出的机会足以让员工心动时，就能有效发挥机会对员工的激励作用。

◆ 营造良好的团队氛围

良好的团队氛围能为团队成员提供轻松愉快的工作环境，有助于团队成员头脑更灵活、更专注地投入工作中去。

对营销团队而言，营销文案撰写、营销创意活动策划与组织、营销活动全渠道推广等工作，都需要员工保持强烈的工作热情和活跃的思维才能实现。如果团队工作氛围压抑，员工就很难有好的工作状态和工作成效。

优化工作空间环境

完善制度、明确分工

为员工设置下午茶和交流时间

定期集会、聚餐、出游

减少无效会议

定期找员工谈心

准备员工礼物，营造仪式感

营造良好团队氛围的常见方法

◆ 促进团队成长

促进团队成长包括两个方面的内容，一是促进团队整体营销实力的成长；二是促进团队中每一个团队成员的成长，使每一个员工都能在工作岗位上有所学、有成就。

8.3

如何提升团队执行力

营销不是空谈，而是需要落到实处。营销活动只有落实才能见到成效。营销活动落实程度、效果好坏往往与营销团队执行力的大小成正比。因此，要想取得良好的营销成效，必须不断提升团队执行力。

8.3.1 提升团队执行力的基础

要想提升团队执行力，必须确保团队具有以下良好基础。

◆ 人心凝聚

俗话说，"众人拾柴火焰高""人心齐，泰山移"。团队执行力是需要团队成员"抱团"才能提高的能力，如果团队成员中总有人不合群、拖后腿、有异心，那么团队就无法提高执行力，更无法"集中力量干大事"。

因此，要想真正提升团队执行力，必须凝聚人心，使每个团队成员都能明确自己在团队中扮演的角色，发挥自己的光和热，如此才能推动团队乘风破浪，提升团队执行力。

◆ 分工明确

团队如同一台机器，团队成员就如同机器中的零部件，分工明确能使每个团队成员都在团队中找到自己的位置、扮演好自己在团队中的角色、发挥好自己的作用，如此整个团队才能正常运作。只有团队成员有序协作，团队才能进一步高效运转。

◆ 制度规范

团队制度对团队成员起到约束和指导作用，能让团队成员以最佳的方式履行职责、完成营销任务，进而使整个团队的工作效率得到提高。

规范的团队制度能让团队每个成员都始终在正确的位置上发挥正确的作用，这样的团队才能在营销竞争中经得起磨炼和考验，才有可能在营销竞争中"打胜仗"。

8.3.2　这样做，提升团队执行力

要想提高团队执行力，就要最大限度地发挥人的能力。具体来说应重点做到以下几点。

◆ 知人善任，人尽其才

团队领导者要知人善任，让每一个员工都能发挥所长，为团队成员提供良好的工作环境、分配适合的工作任务，让每个团队成员都能充分发挥各自所长。

◆ 复制优点，复制人才

团队领导者要善于发现团队成员身上的优点和闪光点，并促使所有团队成员都学习和复制这些优点和闪光点。

对于营销团队成员来说，学习和复制他人的优点，能有效弥补个人不足、提升个人工作能力。对于营销团队来说，当团队成员越来越全面发展，成为一专多长的全能型人才时，整个团队的综合能力将有质的提高，团队执行力自然也会得到提高。

◆ 定期培训，强化专项

团队领导者要重视团队成员的定期培训、轮岗学习，让团队成员能在营销策划、执行过程中，熟悉和掌握整个营销活动从理论到实践的完整过程，不断发现问题、优化营销过程。

◆ 学习和复制成功者的经验

营销团队要了解自己、了解市场，还要了解对手，要善于学习他人成功的营销经验和模式，结合自身情况挪为己用，并大胆创造创新，提高团队营销策划能力和执行力。

8.3.3　以数据推动营销

营销数据能很好地反映营销情况，营销团队要学会收集、分析、整理营销数据，从数据中寻找营销方向，推动营销。

在营销方案落地执行的过程中，营销团队应重视对数据的检测与分析，根据数据情况随时调整营销方案的进度或节奏，推动营销方案的高效落实。

营销数据种类繁多，营销团队应关注以下几类数据。

- 网站 PV（浏览次数）、UV（访问量）、UV 占比

- 评论数、点赞数、转发数、收藏数

- 新增访客、用户成本

- 客流量、销售额、成单量

- 转化率、退单率、好评率

常见营销数据

参考文献

[1] 安妮 . 服装品牌企划与运营 [M]. 北京：北京大学出版社，2013.

[2] [日]川上徹也著；涂绮芳译 . 好文案一句话就够了 [M]. 北京：北京联合出版社，2018.

[3] 邓志坚 . 识别营销 [M]. 济南：山东大学出版社，2013.

[4] 范高林 . 公共关系学 [M]. 成都：电子科技大学出版社，2003.

[5] 高明华 . 商业模式、企业价值与风险 [M]. 厦门：厦门大学出版社，2019.

[6] 关健明 . 爆款文案 [M]. 北京：北京联合出版社，2017.

[7] 官税冬 . 品牌营销：新零售时代品牌运营 [M]. 北京：化学工业出版社，2019.

[8] 郭致星 . 极简项目管理 [M]. 北京：机械工业出版社，2020.

[9] 海天电商金融研究中心 . 一本书玩转互联网品牌营销 [M]. 北京：清华大学出版社，2017.

[10] 韩平.广告策划与创意 [M]. 北京：高等教育出版社，2006.

[11] 黄静.新产品营销 [M]. 北京：高等教育出版社，2008.

[12] 黄鹏.全媒体创新案例精解 [M]. 上海：复旦大学出版社，2020.

[13] 惠亚爱，乔晓娟.网络营销：推广与策划 [M]. 北京：人民邮电出版社，2016.

[14] 柯桦龙，崔灿.让品牌说话：品牌营销高效准则 [M]. 北京：机械工业出版社，2018.

[15] 空手.传神文案 [M]. 北京：机械工业出版社，2021.

[16] [美]劳拉·里斯著；王刚译.视觉锤 [M]. 北京：机械工业出版社，2013.

[17] 李素萍，安予苏.市场营销学 [M]. 郑州：郑州大学出版社，2008.

[18] 李威，王大超.国际市场营销学（第 2 版）[M]. 北京：机械工业出版社，2012.

[19] 林艳新，王姣.营销企划的误区 [M]. 哈尔滨：黑龙江科学技术出版社，2002.

[20] 刘述文.品牌营销策划十大要点 [M]. 北京：企业管理出版社，2021.

[21] 苗杰，蒋晶.现代广告学 [M]. 北京：中国人民大学出版社，2015.

[22] 彭诗金.市场营销学 [M]. 北京：中国铁道出版社，2010.

[23] [荷]乔瑞·范·登·伯格，[荷]马蒂亚斯·波赫尔著；王琼，

朱敏，汪雅文译 . 品牌年轻化 [M]. 北京：中信出版社，2019.

[24] 孙树宏 . 智胜营销：企业利润持续增长的秘密 [M]. 北京：新世界出版社，2016.

[25] 王命洪 . 自媒体传播 [M]. 北京：高等教育出版社，2018.

[26] 王楠 . "互联网 +" 战略下中国市场营销发展研究 [M]. 北京：原子能出版社，2019.

[27] 王寅嵩，刘书娴 . 企业管理与市场营销案例分析 [M]. 合肥：合肥工业大学出版社，2015.

[28] [德] 沃尔夫冈·谢弗（Wolfgang chaefer），J.P. 库尔文（J.P. Kuehlwein）著；李逊楠译 . 品牌思维·世界一线品牌的 7 大不败奥秘 [M]. 苏州：古吴轩出版社，2017.

[29] 武永梅 . 社群营销 [M]. 天津：天津科学技术出版社，2017.

[30] 徐汉文，袁玉玲 . 市场营销策划 [M]. 北京：清华大学出版社，2011.

[31] 薛斌鹏 . 品牌营销：新流量时代品牌打造与运营方法论 [M]. 北京：电子工业出版社，2020.

[32] 杨莎莎 . 销售团队管理常见问题清单 [M]. 北京：地震出版社，2021.

[33] 杨艳蓉 . 旅游市场营销与实务 [M]. 北京：北京理工大学出版社，2016.

[34] 余明阳，刘春章 . 品牌危机管理 [M]. 武汉：武汉大学出版社，2008.

[35] 张文强，姜云鹭，韩智华 . 品牌营销实战：新品牌打

造 + 营销方案制定 + 自传播力塑造 [M]. 北京：清华大学出版社，2021.

[36] 朱海松. 碎片化传播 [M]. 北京：机械工业出版社，2020.

[37] 常志有. 论绿色营销 [J]. 云南师范大学学报，2000（3）：11-13.

[38] 程佳琪. 从"王老吉"的前世今生探析老字号品牌的市场新定位 [J]. 文艺生活（中旬刊），2019（29）：277-279.

[39] 杜妍，黄蕾. 如何做微电影营销 [J]. 销售与市场，2015（12）：71-73.

[40] 韩冰. 新媒体时代微电影广告的营销现状与对策 [J]. 卫星电视与宽带多媒体，2020（5）：226-228.

[41] 贺琦. 浅谈星巴克品牌仪式感营销策略 [J]. 新闻传播，2020（17）：84-85.

[42] 焦晓波，杨伟保. 基于动态环境背景的营销组合分析——创业营销组合与传统营销组合之差异 [J]. 南京财经大学学报，2012（1）：38-45.

[43] 刘清华. "饥饿营销"背后的消费动机分析 [J]. 中国管理信息化，2011（20）：31-33.

[44] 钱晓悦. 如今的品牌营销，如何与消费者斗智斗勇？[J]. 中国广告，2021（05）：50-52.

[45] 王方华. 让品牌回归理性 [J].IT 时代周刊，2005（19）：88.

[46] 王亮. 读懂、定义、构建，仪式感——品牌与消费者的精神链接 [J]. 国际品牌观察，2021（29）：48-49.

[47] 张晓锋.“互联网 +”背景下传统家电零售企业转型探究

[J]. 中国市场，2017（29）：112–115.

[48] 周平. 打造品牌不只是讲好故事 [J]. 农产品市场周刊，2018

（46）：1.